JN184781

〈OBATA METHOD〉によるオンチ克服指導法

さらば！オンチ・コンプレックス

小畑千尋♪著

ユキ&ケンと一緒に学ぼう！

教育芸術社

はじめに

私たちが歌うとき、体そのものが楽器となります。一つとして同じものはない大切な楽器です。

だからこそ、歌うことに対して受けた評価は、歌声を通り越して、もっと奥の自分自身に向けて言われているように感じてしまっても不思議ではありません。

歌を他者からほめられるのと、批判されるのとでは、雲泥の違いなのです。

小・中学校で、音程が合わせられない子どもは必ずいます。大人になっても音程が合っているかどうかが分からないままのかた、オンチ・コンプレックスをもち続けているかたは多くいます。

一方、音楽を指導する先生は「なんとかしてあげたい」と思いながら、「どのような方法で指導すればよいのかが分からない」というのが本音なのです。「中途半端に指導して、かえって傷つけることは避けたい」とおっしゃる先生も少なくありません。

でも、音程を合わせて歌う技能は学習により向上しますし、「オンチ」は克服できるのです。

歌う活動を「心」と「技能」の両面でサポートするオンチ克服指導法、それが〈OBATA METHOD®〉です。具体的には、指導者（あるいはパートナー）と一緒に練習を重ねることで、歌いながら自身の音程を認知する「内的フィードバック」能力が向上し、正確な音程で歌えるようになります。

「序編」では、実践前に知っておきたいポイントをコンパクトにまとめました。「実践編」では、実際のレッスンに参加しているような感覚で指導法と練習法が学べます。「Q＆A編」では、オンチに関する質問や疑問にお答えしました。全編を通して、音と音楽、そしてそれぞれの気持ちがイメージできるように、マンガとイラストをたくさん用いています。

本書は、オンチを克服するための指導法を待ち望んでいるかたに活用していただきたいという思いから生まれました。学校で音楽を指導されている先生、教員養成課程の学生はもちろんのこと、合唱指導、ソルフェージュ指導、吹奏楽の指導に携わっておられる先生、そして、オンチ・コンプレックスをもっているかた、お子さんの音程が気になっている保護者のかたにも、気軽に楽しく実践していただければ幸いです。

目次

Q&A編

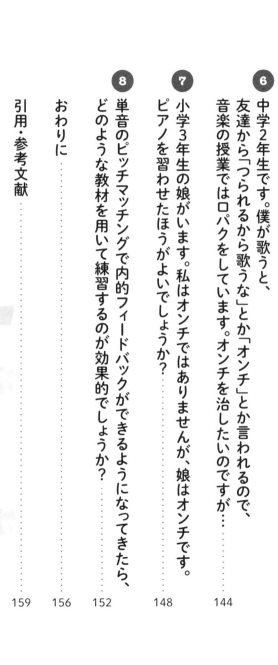

序編

実践を始める前に

① 「オンチ」は単なる俗語です

オンチは、「なおる（直る／治る）」かどうかが問題なのではありません。

確かに「オンチはなおる！」という見出しにはインパクトがあります。

でも、「なおるかどうか」の問題として捉えてしまうと、オンチへの理解と実際の向き合い方が、オール オア ナッシング（なおったか／オンチのままか）といった固定的で狭いものになってしまいます。

ここでちょっと考えてみてほしいのです。オンチは病気なのでしょうか？　それとも歌う能力の欠如なのでしょうか？

答えはどちらも「Ｎｏ」です。

「オンチ（音痴）」はそもそも大正時代に、**からかい言葉として生まれた俗語**であるといわれています。**オンチという言葉に、客観的な論拠は何もない**のです。

ところがややこしいことに、この言葉には後から専門家によってさまざまな意味が付けられてしまいました。例えば、広辞苑には「生理的欠陥」とありますし、「大脳の先天的音楽機能不全」と記されている由緒ある音楽事典もあります。医学辞典では後天的な脳損傷などが原因で起こる「失音楽（amusia）」の訳として使われています。これらは全て不適切な定義だと考えます。

何をもって「オンチ」とするのか、明確な線引きはできるはずがありません。なぜなら、そもそも俗語だからです。

このように、私たちは「オンチのグループ」「オンチでないグループ」のどちらかに属するわけではないのです。**適切なトレーニングを行えば、音程*をしだいに合わせられるようになり、歌唱**

能力も向上します。

こんなお話もよく伺います。

先生のアドバイスはいかがでしょうか？　一見心ある発言のようですが、正直なところ、かなり大ざっぱな解決方法だと思います。「オンチ」と言われて悩んでいる人がたくさんいるのは事実で

すし、学年が上がるにつれ、音程が外れることに対して生徒たちはとても敏感です。生徒に自信をもたせることはもちろん大切です。でも、「オンチな人なんていない」という発言も、励ましたつもりではあれ、正しい音程で歌えないという本人の悩みを救っていません。重要なのは、**その本人の悩みをどのように解決するかという具体的な指導**なのです。

＊音程とは本来「音と音との高さの隔たりのこと」を指しますが、本書では慣習に倣い、「音高」の意味も含めて「音程」としています。

2

内的フィードバックの重要性…

音程が合っているか、外れているかよりも、そのことを本人が認知できているかどうかが大切です

Aちゃんは、他の子どもと違う高さで歌っていることや、自分自身の音程が合っているかどうかが分かっていない可能性がかなり高いです。

こうした場合、音楽の先生が、同じ高さで合わせられない子どもに対して、「この音をよく聴け」と言わんばかりに、歌わせたい高さの音を何度もピアノなどで聴かせても無意味です。なぜなら、「音をよく聴いて」「音の高さに気を付けて」と言われても、**何に気を付けて聴いたらよいのかを判**

断する基準を持ち合わせていないからです。

私は、**歌いながら自分自身の音程を認知すること**を「**内的フィードバック**」と呼んでいます。**音程が合っているかどうかが問題ではなく、そのことを認知できているかどうか**が問題となります。

ちなみにこの場合の「認知」とは、「自分の音程の状態をきちんと認識できる」ことを意味します。

例えば、**正しい音程で歌えているにもかかわらず、歌っている本人は音程が合っているかどうかが全く分からないとします。この場合、「内的フィードバックができていない」**といえます。

逆に、**音程が合っていなくても、本人が歌いながら音程が外れていることを認知している場合は、「内的フィードバックができている」**といえます。

オンチ克服で最も重要なのは、この**内的フィードバック能力を確かなものにする**ことです。

歌っている際に「音程」が外れたり、音の高さがピッタリ合わなかったりすることは誰にでもあります。でも、そのときに、「あっ、今『音程』がずれた」「ちょっと低めに歌っちゃった」と自分で気付けるかどうかがとても重要です。歌が上手な人ほど、内的フィードバックをうまく駆使して歌っているのです。

内的フィードバックで難しい点は、**認知しなければならない音が、歌っている自分自身の声**だと

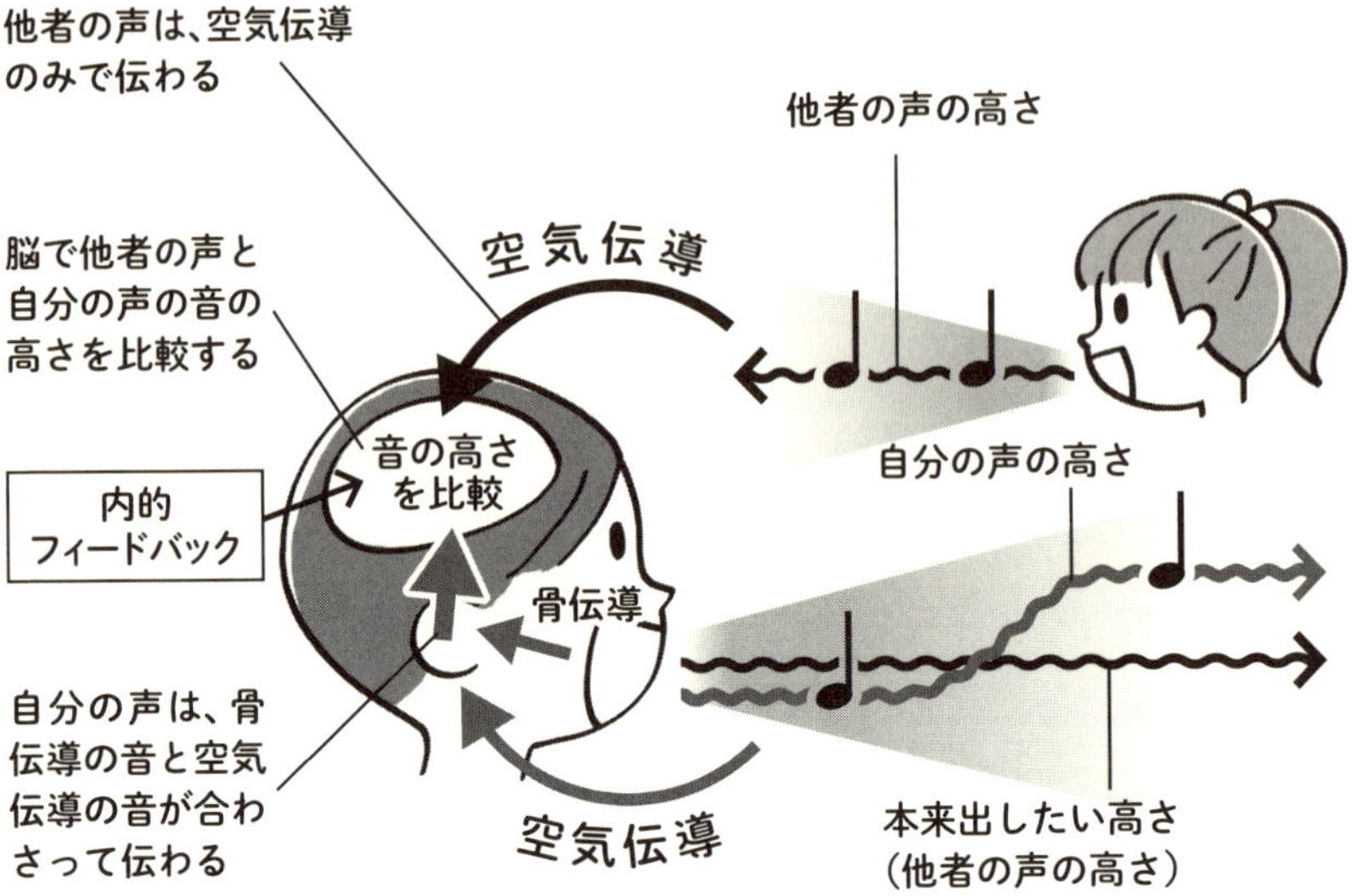

図1　声によるピッチマッチングの際の内的フィードバック
（出典：『Newton』2012.12月号　ニュートンプレスを基に作成）

いうことです。自分の声は骨伝導の音も加わるので、他者の歌声よりも認知するのが難しくなります（**図1**）。

では、子どもはどのくらい内的フィードバックができているのでしょうか？

ある小学校で、4年生の全3クラス（約80名）の子どもたちの内的フィードバック能力がどのように発達していくのかを、卒業するまでの3年間調査させていただきました。その結果、音楽専科の先生が「らー」と単音を発声し、それと同じ高さの音を発声するピッチマッチングの課題では、できる子どもの割合は学年とともに上昇し、5年生の10月には男女合わせて95％の子どもが音の高さを合わせることができました。しかしその後男子については下降し、6年生の卒業直前の2月は78％という結果でした（ちなみに女子は98％）。これは、**変声期の影響**によるものと考えられます。

ところが、この課題について内的フィードバックができる子ども（先生の発声する声と同じ高さに合わせられたかどうかが自分で分かった子ども）は、4年生の6月で約5割（男子が46％、女子が56％）、学年とともに上昇するものの、6年生の卒業直前の2月でも男子が76％、女子が73％という結果でした（**図2**）。

ここでとても重要なことは、**男女とも約25％の子どもが内的フィードバックができていない**、もしくは内的フィードバックが不安定なまま小学校を卒業することになるという結果です。この調査から、**子どもの頃に内的フィードバックができないのは、決して珍しくはない**ことがお分かりいただけると思います。

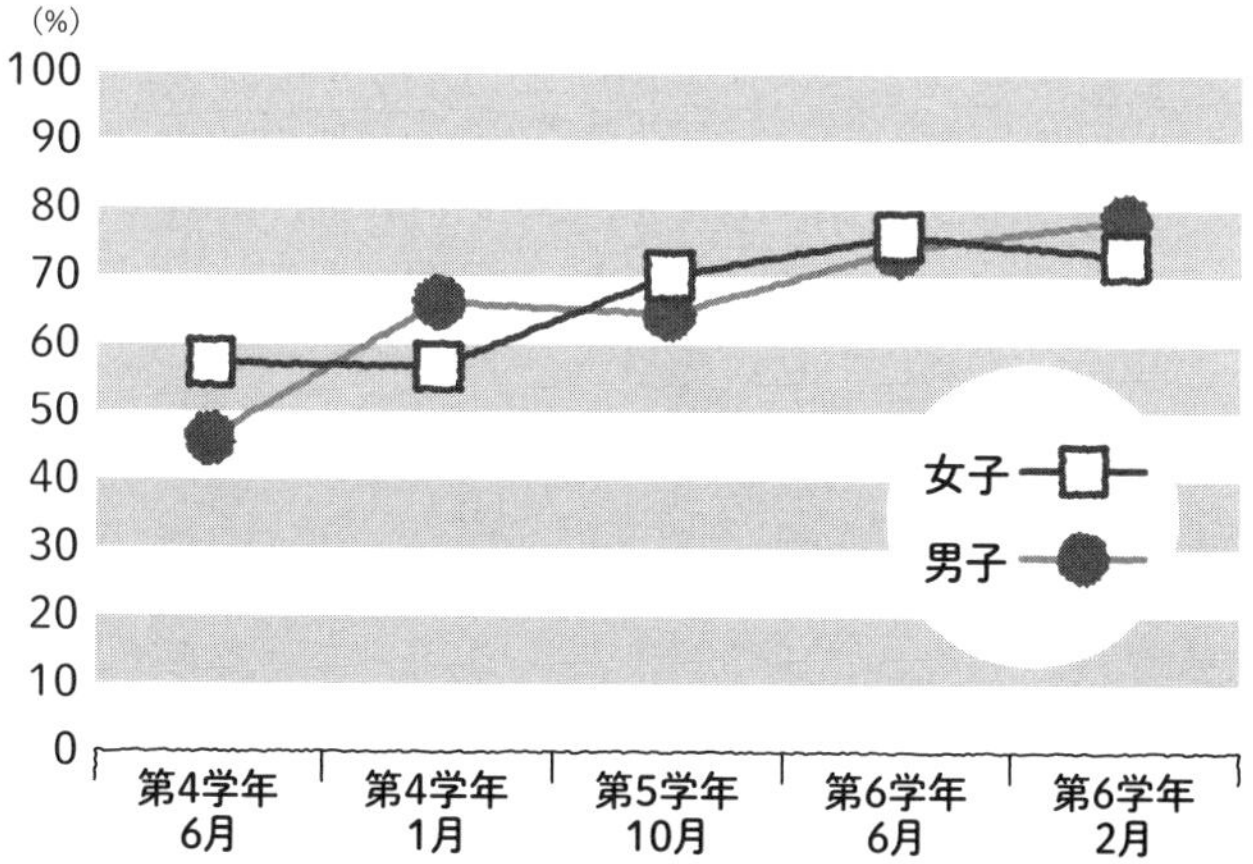

図2　内的フィードバックができた児童の割合（男女別）

周囲は音程が合っているかどうか分かっているのに、自分だけが分からないまま歌っている…これほど不安な状態はありません。周囲の反応から歌うことを躊躇し、口パクで参加する…**歌の時間の度に疎外感を感じている**のです。これでは一体なんのための歌唱活動だか分かりません。

そして、そのコンプレックスが一生続く可能性もあるということを、大人たちは理解する必要があります。

子どもの発声した声だけに着目していると、落とし穴があります。先ほどの調査からも分かるように、正しい音程で歌えていても、自分自身で「合っている」かどうか分からず、「合っている」という実感の伴わない子どもも実際にはかなりいるのです。その場合、**内的フィードバックができていない**ので、ほんとうの意味での成功ではありません。合っていても合っていなくても「なんとなく歌っている」状態なのです。

内的フィードバック能力を定着させるためには、**偶然同じ高さに合わせられたり、本人が自覚せずにできたりするのでは不十分**であり、**本人が自覚して成功を重ねる**ことが重要です。

内的フィードバックができるようになれば、斉唱、合唱、皆と一緒に歌う活動を通して、「音が合っている」という実感を伴って、友達の声と自分の声が響き合うのを感じることができます。**歌うこ**

とへの自信を得て、積極的に歌唱活動に参加できるようにもなります。

また何より、**自分の声そのものを肯定的に捉えられるようになることで、子ども自身の自己肯定感の向上に直結**します。なぜなら、歌うことは体そのものが楽器であり、その楽器をよいと思えれば、**自分の体や自分自身を大切にする気持ちへと結び付く**からです。

内的フィードバックを意識して指導することは、指導者にとっても、たくさんのメリットがあります。子どもが表出した歌声の美しさだけで判断するのではなく、**子ども自身がどのように感じているのか、どのように認知しているのかを意識して指導することは、子どもへのより深い理解につながる**からです。

さあそれでは、実践編でユキ&ケンと一緒に指導法を学びましょう！

実践編

ユキ&ケンと一緒に
指導法を学びましょう！

1 指導に当たって重要なことは？……指導者としての条件

登場人物

小畑先生…本人

ケン…小畑研究室のゼミ生
中学校の音楽の先生になりたい大学生

ユキ…小畑研究室のゼミ生
小学校の先生になりたい大学生

中学生の頃、仲のいい友達が、すっごく音が外れてたんです。

でも、先生は具体的な指導をしてなかったし、
見ぬふり聞かぬふり～…

僕も一緒に歌うくらいしかできなかったんですよね…

私たちが先生になったとき、そういう子どもってきっといるよね。ちゃんと指導できるかなぁ…

……

う～ん
自信ないなあ…

学生時代からそんな視点をもてることはすばらしいですね！

実は今、音程を合わせられない子の指導を、雲わき小学校から頼まれているの。

どんな指導をするか知りたい？

はい、ぜひ！

こんな会話をきっかけに、ユキさんとケンさんは、音程を合わせられない子どもに対する歌唱指導法を学び始めました。

音程を合わせられない子どもに対する指導、いわゆる「オンチ」克服の指導で、必要な条件は何かしら？

子どもが音程を外したときに、黙っちゃわないこと。

黙っちゃう先生、絶対嫌だよね（笑）。

無視しないってことね。なかなか鋭い指摘です。**子どもが一生懸命に歌った歌声を、スルーしないで受け止めることは大切**ですね。他には？

子どもと一緒に楽しく歌えること。

そうね！　先生が歌うことが好きなのか、好きじゃないのか、
子どもたちには必ず伝わります。
さらに言えば、**子どもたちから**
「この先生の前なら歌ってもいいな」「先生となら一緒に歌ってもいいな」と
思われる存在になることがとても大切なんですよ。

分かります。あまり親しくない人とカラオケに行くと、
なんか緊張しちゃって、調子出ない気がします。

そのとおり。子どもの立場になって考えてみればどんどん想像できるわね。
それから、正しい音程で歌うレッスンでとても重要なことは、
指導者自身が自信をもって「内的フィードバック」（→序編2）ができるということ。
あとで試してみましょう。

先生、私は絶対音感がないですが大丈夫ですか？

それは問題ありません。ただ、**2つの音を聴いて、その高低が分かることは必要**です。指導の際に、ユキさんが発声した高さよりも、子どもが低く発声したとするでしょう？　そのときに、「少し低いよ」「もう少し高く」と指摘できるほうがいいですからね。

なるほど〜。

● 指導者としての条件

◎歌うことが好きなこと。

◎子どもたちに「この人となら一緒に歌ってもいいな」と思われる存在であること。

◎自信をもって「内的フィードバック」ができること。

②

ロングトーンによる発声練習…
同じ高さの音でのばし続ける

では、早速一緒に歌ってみましょうか？

はい！

ちょっと緊張するなぁ。

そうね。いざ歌うとなると、身構えちゃうってありますよね。
だからこそ、**先生のほうから、「どんな歌声も受け止めますよ！」**という雰囲気を**子どもたちに伝える**ことがとっても大切なんです。

（深くうなずく）

最初はロングトーン、つまり同じ高さの音をのばす練習から始めましょう。
歌いやすい高さでOK。ピアノの鍵盤にある音に限定する必要はありません。
まずは、私が試しに歌ってみますね。
「らー」（右手を一定の高さで左から右へとゆっくり移動させながら　**図3**）

ビチッと同じ高さでのばしている感じですね。

そう。ここで大切なのは、**音程がゆらゆら揺れることなく同じ高さでしっかりのばし続ける**ことです。

先生、手の動きも付いていましたが、何か意味がありますよね？

いいところに気付きましたね！ちょっと試してみて。きっと手の動きを付ける意味が分かるわ。

「らー」（それぞれが歌いやすい高さで歌う。手の動きも付けて）

図３

あっ！　同じ高さでのばしやすい！

わっ、ほんとうだ！
視覚的に見えるからかな？

そうです！　**まっすぐ横に線を引く様子が視覚的に見えるから、同じ高さでのばし続けることをイメージしやすい**のね。
声を同じ高さで保てない子どもには、「こんなふうにゆらゆらしてるよ」って手の動きで示してあげることも効果的なんですよ（**図4**）。

なんか、人間カラオケ採点機みたい！

いいたとえね！

図4

それから**歌いながら体の動きを付けることによって、音の高さをより体感しやすい**というメリットもあります。

手の動きを付けることで、体もほぐれそう。

そのとおりです！

ロングトーンによる発声練習のポイント

◎歌いやすい高さでOK。

◎ロングトーンを表す手の動きを付けて歌うと、同じ高さでのばし続けることをイメージしやすい。

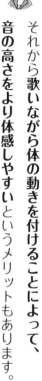

③ 同時に聴こえる2音の高さが同じか違うか

――マッピング能力を向上させる練習1

絶対音感がないと音程を合わせられないかといえば、そんなことは全くありません。

分かります。僕は小さい頃からピアノを習っていたので、聴いた音をだいたい音名で言い当てることができます。でも**新しい歌を覚えるときは、音名ではなく、歌手の歌声を聴きながら覚えることが多い**もんなぁ…。

そう、それが**歌のごく自然な覚え方**よね。
ではここで質問。
歌いながら自分の音程が合っているかどうか判断するのと、
誰かが歌っているのを聴いてその音程が合っているかどうか判断するのでは、
どちらが難しい？

（ちょっと考えて）私は自分の歌声を意識して聴くほうが難しいかな。

僕も同じ。

そうよね。**多くの人は歌いながら自分の音程が合っているかどうか判断するほうが難しい**と思います。**自分の声だと骨伝導の音も加わり客観的に聴きづらい**からね。
だから、**まずは「他者の歌声の音程について判断できるかどうか」が大切**なんです。
私はそれを**「マッピング」**と呼んでいます。

今流《は》行《や》りの「プロジェクションマッピング」の「マッピング」ですか？

はい。歌の場合は、音を聴いたときに「どのくらいの高さかな？」と**自分の頭の中にある音の地図に、音の高さの位置を割り当てる**ことです。
ユキさんとケンさん、早速マッピングができるかどうかを試してみましょう。

はい、お願いします！

ではケンさんから。これから私とユキさんが歌うので聴いていてくださいね。
その後、私とユキさんが歌った音の高さが「同じ」なのか「違う」のかを言ってください。

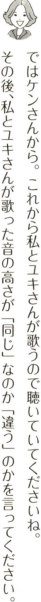

分かりました。

ユキさんは手伝ってね。歌いやすい高さでいいですから、
一定の高さのロングトーンで「らー」と歌ってくれますか？
私はユキさんの声を聴いたらすぐ、同じ高さ、もしくは違う高さで歌います。

「同じ」なのか「違う」のかを判断すればいいんですね？

そう。それから「違う」場合に、ユキさんの声に対して私の声が
「高い」のか「低い」のかが分かれば、それも言ってね。

分かりました。

私は揺れない音程で歌えるようにがんばります！
「らー」（歌いやすい音程で歌う）

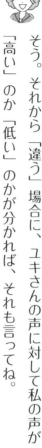

「らー」（**譜例1**のような要領で順次出題する）

（順次回答する）

譜例1

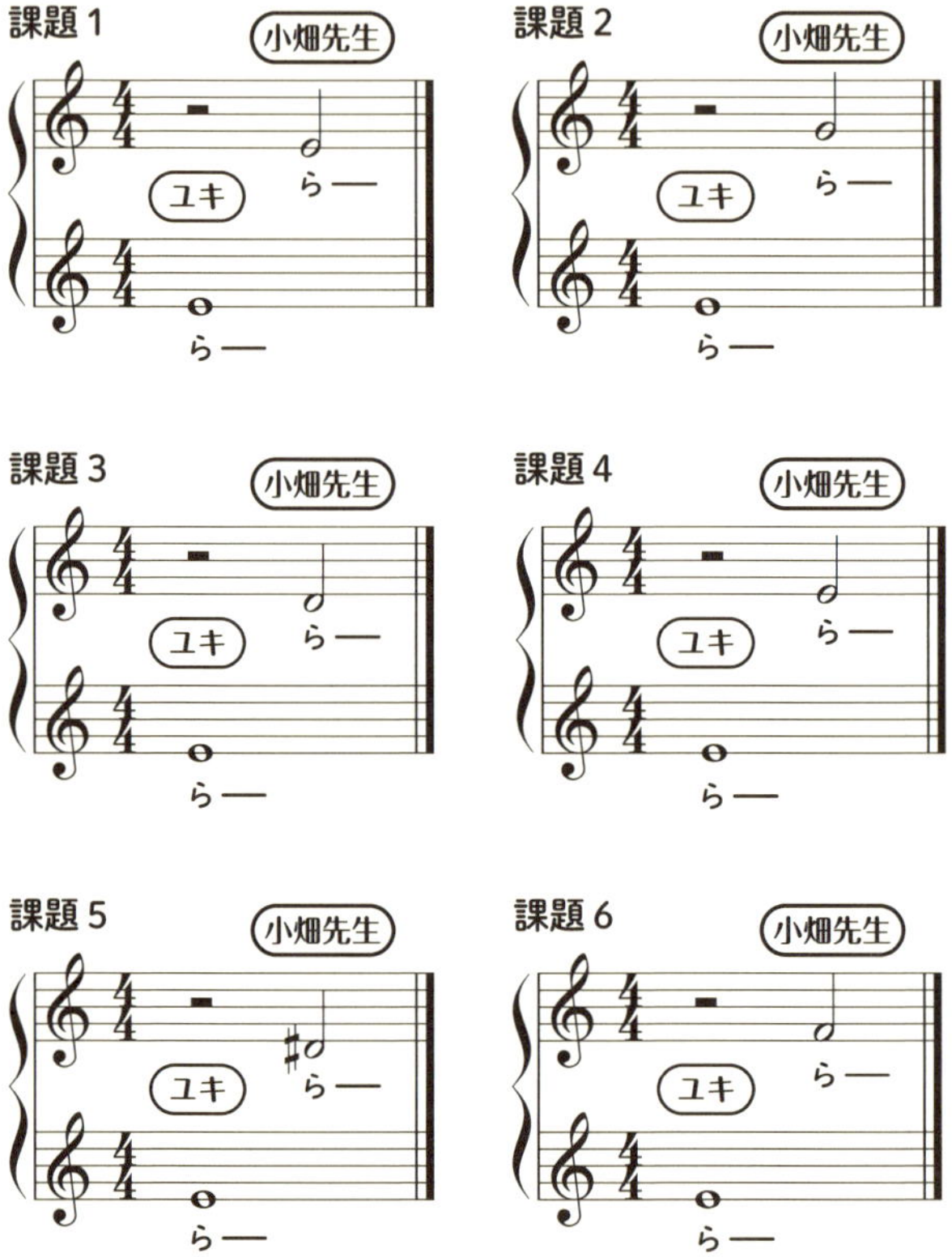

【解答】
課題1：同じ
課題2：違う（小畑先生のほうが高い）
課題3：違う（小畑先生のほうが低い）
課題4：同じ
課題5：違う（小畑先生のほうが低い）
課題6：違う（小畑先生のほうが高い）

ケンさんは、全部の課題で「同じ」なのか「違う」のかだけでなく、「違う」場合に「高い」のか「低い」のかまで判断できましたね。

半音違いの問題、なかなかいい練習だと思いました。

ありがとう（笑）。**ちょっと低めや高めの音程を判断できるのは、歌う際に必要な基礎的能力**なんです。またそれは、**指導者にとっても必要となる能力**です。

子どもたちの歌声を聴いて、その音程の正しさが分からないといけないからですか？

そう。音楽の授業では、何十人もの子どもの歌声を同時に聴いて、音程が正しいかどうかを判断しなければならないでしょう？
もちろん、斉唱において各自の音程を取り出して聴くのは難しいことです。
でも、**指導者が2者の歌声を聴いて、「同じ」なのか「違う」のかを判断できること、「違う」場合に「高い」のか「低い」のかについても判断できることは重要**です。

（深くうなずく）

正確に聴き分けられるよう、何度も繰り返し練習しましょう。

先生。今は私と小畑先生で出題しましたが、例えば音楽の授業のように、指導者が１人だけの場合はどうしたらよいですか？

いい質問ね。授業ではたいてい１人で教えなきゃいけませんからね。
その場合は、**ピアノの音と先生の歌った音の高さが、「同じ」なのか「違う」のかを子どもたちに答えさせる**という方法があります。
また、ロングトーンがしっかりできる子どもがいれば、その子に**今のユキさんの役割をお願いして、２人で出題するのもよい**ですね。
それから、特に小学生に対して実施する場合は、音感のトレーニングというよりも、**クイズ形式で気楽に行う**ことがコツ！　雲わき小学校で実践してみましょう。

マッピング能力を向上させる練習1のポイント

◎同時に聴こえる2音の高さが「同じ」か「違う」かを聴き分けることが最初のステップ。「違う」場合に、どちらが「高い」か「低い」かを聴き分けることが次のステップ。

◎絶対音感があることが条件ではない。

④ 連なる2音の高さが同じか違うか

――マッピング能力を向上させる練習2

いちばん高い音が上がり切ってなくて惜しかったんですよ～。

ユキさんは、その人の歌を聴いて、正しい音程かどうかが分かったということね。

はい。

《愛のメモリー》のサビの部分って、かなり高音よね。
だから、「このくらいの高さ」と分かっていても、発声が難しくて、
結果的に音程が下がってしまったのかもしれないですよ。
それはさておき、**聴いていたユキさんが正しい音程かどうか分かった**ことが重要！

（照れ笑い）

今回は「1番目と2番目の音の高さが同じなのか違うのか」をチェックしてみましょう。

前回は同時に聴こえる2音、言ってみれば縦でしたが、今回は横ということかな？

そうです！　例えば2人一緒に同じ旋律を歌うときに、
2人が同じ高さで歌っているかっていうことが縦。

そして言うまでもなく、歌の旋律は、連続する2音が幾つも連なったもので、それが横。

音程を外さずに旋律を歌うためには、**次の音への正確な距離感をもつ**ことが大切です。

ア・カペラで1人で歌う場合はなおさらね。

確かに！

では今回はユキさんが答えてくださいね。
私が2つの音を「らー、らー」と続けて歌います。
ユキさんは、その2つの音の高さが
「同じ」なのか「違う」のかを答えてください。

分かりました。

自信ありそうだね！

エヘヘ。

では、ちょっとだけハードルを上げます（笑）。「違う」と思ったときに、
2番目の音が1番目の音よりも「高い」のか「低い」のかも答えてくださいね。
「らー、らー」（**譜例2**に沿って出題。ピアノで音を取りながら）

（順次回答する）

みごと全問正解！

譜例2

課題1

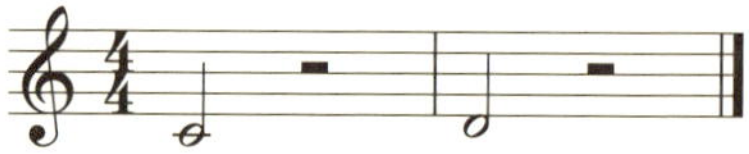

課題2

課題3

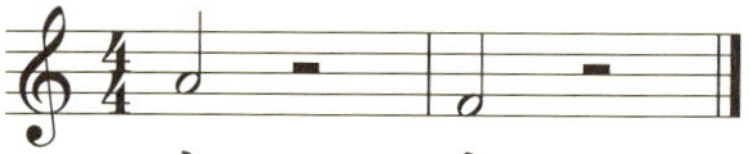

課題4

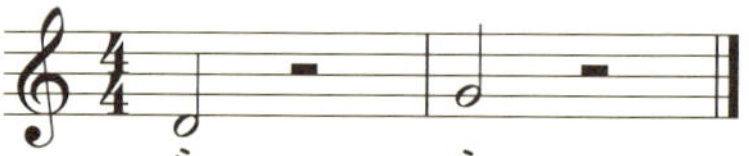

課題5

課題6

課題7

【解答】

課題1：違う（2番目が高い）　課題2：同じ
課題3：違う（2番目が低い）　課題4：違う（2番目が高い）
課題5：同じ　課題6：違う（2番目が高い）
課題7：違う（2番目が低い）

よかったぁ！

この練習で**重要なのは、まず「同じ」なのか「違う」のかを判断できるようになる**こと。

次に音程が「違う」ことが分かっても「2番目の音が1番目の音よりも高いのか低いのかは分からない」という回答だったら、
どちらなのかを教えてあげましょう。

何度も繰り返し練習することで、音程感を身に付けることができます。

分かりづらい音程を中心に練習すると特に効果的ですよ。

どんどん聴き分けられるようになるということですね。

そうです！
ところで今、出題するときに気を付けていたことがあるのだけど…。

なんだろう？

ヒントは「ピアノ」。

正しい音の高さで出題するために、ピアノで音を取っていた、とか？

そうね。私自身が音程を確認するためにね。
でももっと大切なこと。ピアノの音量はどうでしたか？

弱めに弾いていらっしゃいましたよね。

そうです。**ピアノの音は、私が音を合わせるためのもので、**
ユキさんに聴かせるためではないんです。あくまでも**歌声を聴いて、**
同じ高さなのか、違う高さなのかを判断することが大切なんですよ。

そうなんだ〜。

じゃあ、今度雲わき小学校に行った際に、子どもたちとおもしろい実験をしてみましょう。

なんだろう？　ワクワク。

●――マッピング能力を向上させる練習2のポイント

◎連なる2音の高さが「同じ」か「違う」かを聴き分けることが最初のステップ。「違う」場合に、どちらが「高い」か「低い」かを聴き分けることが次のステップ。

◎できるだけ、指導者自身が歌って聴かせる。

◎ピアノはあくまでも指導者が音程を確認するためのものなので、音量は小さく。

5 内的フィードバックができているかのチェックの仕方

さあ、いよいよ内的フィードバックができるかどうかのチェックです。

内的フィードバックとは
「歌いながら音程が合っているかどうかを認知する」ということですよね。

（うなずく）**どんなに上手な歌手であっても、**
練習段階では音程が外れることもあるのよ。
そのときに**自分で外れたと分かることがとても大切**なんです。

他者の歌声の音程について判断するより難しいですよね。

そのとおり。**歌いながら自分の声を客観的に聴く**わけですから。
それに**骨伝導の音も自分には聴こえている**ので、より複雑です。

（うなずく）

では、ケンさんから先に、声によるピッチマッチングをしてみましょう。
私がこれから、ある高さの音で「らー」と歌います。
音が聴こえたら、同じ高さで一緒に「らー」と歌ってください。

分かりました。

じゃあいきますよ。
「らー」

「らー」（同じ高さで歌う）

今、同じ高さで歌えたと感じましたか？

はい。合わせられたと思いますが…。

私もそう思います。

譜例3

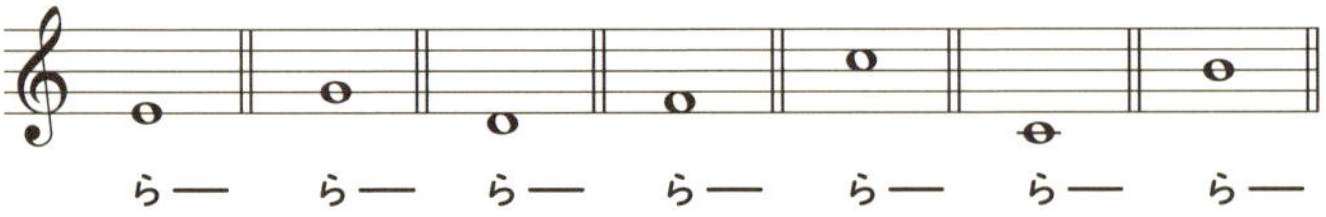

はい。**ちゃんと合わせていましたし、そのことをケンさんが認知している、つまり内的フィードバックができています。**
引き続き、幾つか試してみましょう。
「らー」（**譜例3**に沿って出題。1音ごとに、同じ高さで歌えたかを本人に確認する）

「らー」（順次合わせて歌い、同じ高さで歌えたと答える。最後の「シ」の音がやや低めになるが、瞬時に正しい高さに修正する）

最後の音はどうだった？

ちょっと低めだったので、先生の声に合わせてすぐに高くしました。

すばらしい！　それが「内的フィードバックができている」ということです。**音程を合わせられるかどうかよりも、合っているかどうかが分かること、音程が違っていることに気付いたら、自分で修正できることが重要**なんです。

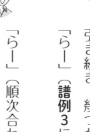

ケンさんは音程を合わせられて、しかも
内的フィードバックもできるということですよね。
でも、最初から音程を合わせられない場合は
どうなるのでしょう？

いい質問です。
ちょっと整理してみましょう。
内的フィードバックができるかどうかは、
下の表の４つのパターンに分けてチェックします。

内的フィードバックができているのは
①と…③もですよね。

正解。ケンさんは、まさに③の内的フィードバックを
経て、最後の音を修正できたのね。
③の場合に有効なのは、発声練習をすることです。

	実際の声の高さ	本人の認知	内的 フィードバック
①	合っている	「合わせることができた」	○
②	合っている	「合わせることができなかった」	×
③	合っていない	「合わせることができなかった」	○
④	合っていない	「合わせることができた」	×

それから、変声期で思うような高さの声が出ないけれど、音程が合っているか外れているかは認知できている場合も、この③になります。

じゃあ、②と④の場合は
どんな練習をしたら内的フィードバックができるようになりますか？

私も知りたいです！

練習を始める前にちょっとティーブレイクしませんか？
卒業生のサエさんがゼミへの差し入れで、石巻の旨塩さぶれを届けてくれたのよ。一緒にいただきましょう。

わーい！

●――内的フィードバックができているかのチェックのポイント

◎マッピングよりも、自分の声の音程が合っているかを自身で認知する内的フィードバックのほうが難しいということを指導者が意識する。

◎表出された声の音程の正確さよりも、その音程が合っているかを自身で認知できているかを確認する。

⑥

歌っている自分の声と相手の声の高さが同じか違うか

——内的フィードバック能力を向上させる練習1

ミネラルたっぷりのサブレだったなぁ。

ゴマの風味もよくて紅茶にとっても合いました〜。
ますますいい声が出そう！（笑）

では始めましょうか。
次はユキさんが生徒役ね。
同じ高さで合わせて歌えない（ピッチマッチングができない）
子どもが、内的フィードバックが
できるようになるための練習です。
ユキさん、発声しやすい高さで
「らー」とのばして歌ってください。
どんな高さの音でもいいですよ。
大切なのは、ロングトーンで練習したように、
一定の高さでのばし続けることです。

図5

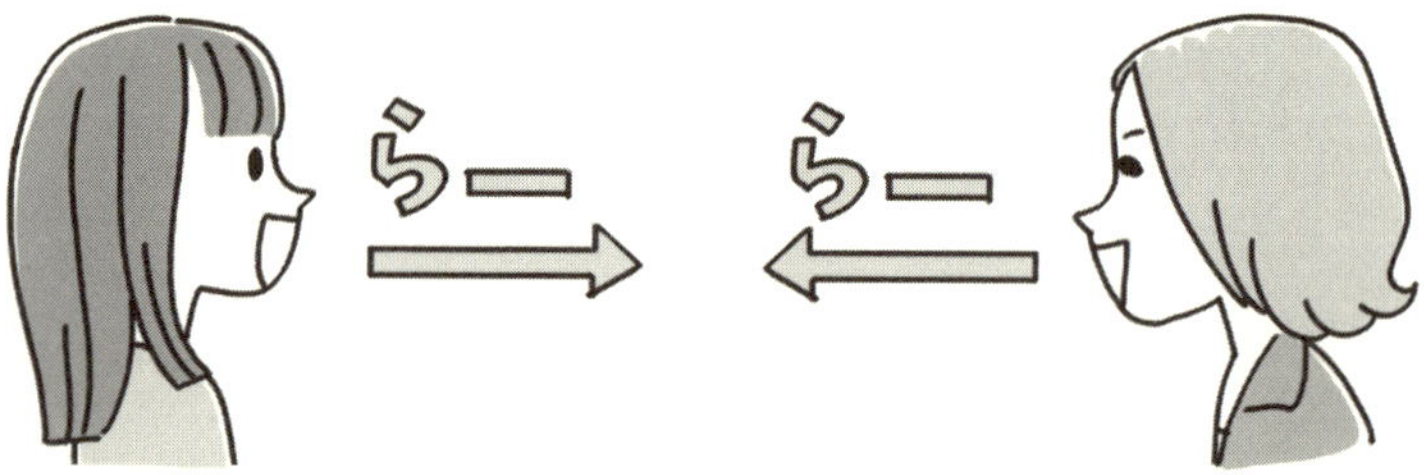

1. 一定の高さでのばして歌う

2. 同じ高さで歌う

分かりました。
「らー」

「らー」（同じ高さで歌う **図5**）
どうですか？　ユキさんの声と私の声、同じ高さですか？

はい、同じだと思います。

正解です。
では次。もう一度「らー」と
好きな高さで歌ってください。

「らー」

「らー」（違う高さで歌う **図6**）
今度はどうでしょう？

図6

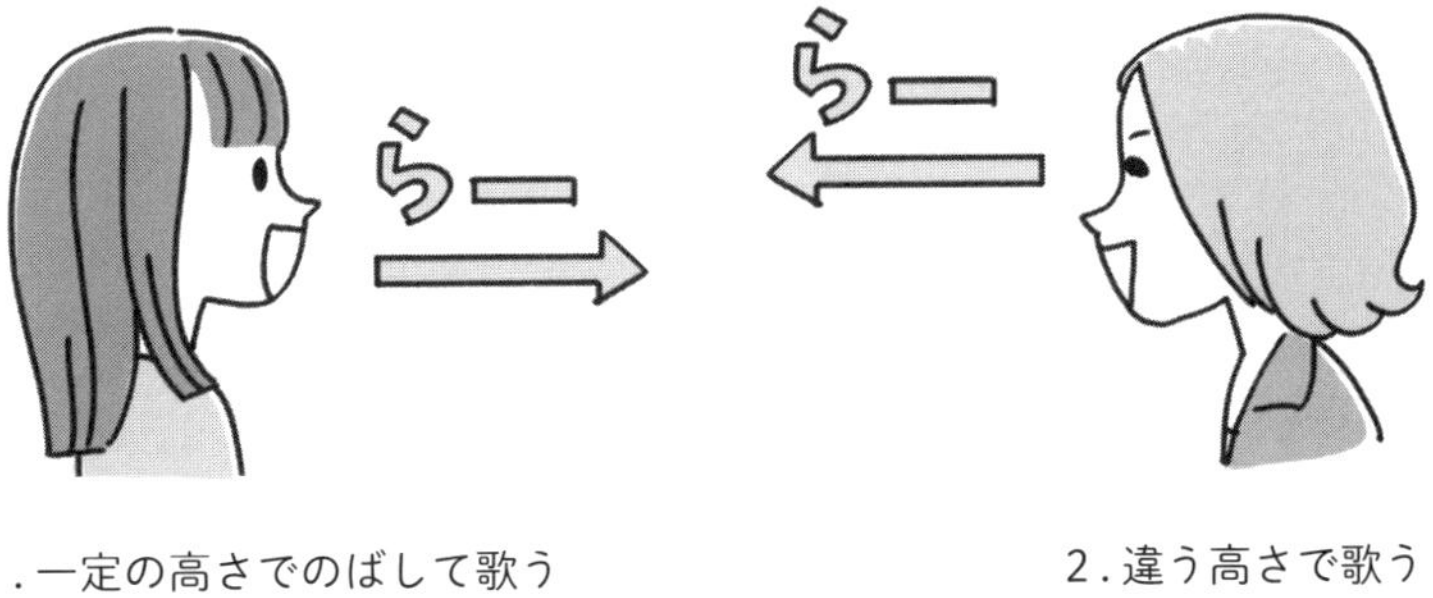

1.一定の高さでのばして歌う　　2.違う高さで歌う

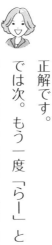

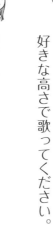

先生のほうが高いと思います。

これも正解です。

（うなずく）

これが基本の練習その1です。

繰り返し行うことで、
他者と自分の歌声が同じ高さかどうかを判断できるようになります。
ユキさんは内的フィードバックができていましたが、**もし不正解だった場合は、**
「今は同じ高さだよ」「今のは違う高さだよ」ということを
そのつど伝えることが重要です。

同じ高さで歌うだけでなく、
違う高さでも歌ってみて実感させるんですね。

そのとおりです！

「一緒に同じ高さで歌う」感覚をつかむためには、
「一緒に歌っているけど、2人は違う高さで歌っている」
という感覚も知ることが近道なんです。

なるほど～。

先生、質問なんですが、ユキさんが発声した高さに対して、
先生がそれより高く発声したとき、
「違う」というだけでなく「高い」ことも伝えたほうがいいですか？

もちろんです。**「違う」というだけでなく、**
「高い」のか「低い」のかも分かるとよりよいですよね。

（うなずく）

歌うときには発声に気が向きがちだけど、
実は聴くこと、つまり認知の部分がすごく重要なんですね。

よく気付いてくれました！　歌だけでなく楽器の演奏についても同じです。
ピアノだって、奏法や指のタッチはもちろん重要だけれど、最終的には
自分の鳴らしている音を意識して、客観的にどれだけ「聴ける」かが大事ですよね。
管楽器だって弦楽器だって同じこと。
とりわけ**歌は、自分の体そのものが楽器だから、**
楽器を演奏するよりも気軽そうでいて、実は客観的に聴くことが難しい。
そのことを**指導者が意識できているかどうかで、歌の指導の方向性は変わってきます！**

「歌えてあたりまえ」なのではなく、
音程を合わせるときに案外難しいことを頭の中でしているのかも…。

2人とも気付きがすばらしいわ。サブレ効果かな!?（笑）
同じ高さで歌っていることを、さらに実感しやすくするための練習を試してみましょう。

内的フィードバック能力を向上させる練習1のポイント

◎2人で一緒に同じ高さの音だけでなく、違う高さの音でも歌って、それぞれの感覚をつかむ。

◎内的フィードバックができているかを、そのつど確認する。

7

声の高さがピッタリ合ったときの共鳴感覚を実感する

――内的フィードバック能力を向上させる練習2

同じ高さで歌えていても、本人がそれを実感できないのは寂しいですよね。

え? 同じ高さで歌っているのに、「合っている」実感がないことなんてあるんですか?

あるんですよ。例えばね…。

そうなんですか…。同じ高さで歌う感覚が分からないってことでしょうか。

そうです。**合っているのにそれを認知できていない人もいることを指導者が知るのはとても大切**です。
例えば合唱指導などで陥りやすいことなんだけど、ついつい全体の歌声として音程が合っているかどうかばかりに注意が向いてしまう。

表面的な美しさだけに気が向いてしまうというか…。

そう。でも、**特に小・中学校における歌唱指導で大切なことは、表に出てくる声の美しさだけでなく、子ども自身がその歌声や響きを実感できているか**だと私は思うの。

（うなずく）もし実感できない子どもがいたら、同じ高さと違う高さで歌って感覚をつかんでいく方法（→実践編6）がよいですか？

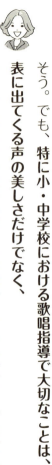

そうです。でもさらに効果的な方法があるので試してみましょう。
私が「らー」と発声しますので、ユキさんも同じ高さで「らー」と歌ってください。
いきますよ。「らー」

「らー」（同じ高さで歌い、そのまま2人とも音をのばす）

（声量を上げると…「ビビッ」）

おおっ！　今のは!?

どんな感じでしたか？

「ビビッ」ときて、同じ高さで歌っていることがより実感しやすくなりました。

ではさらに進めましょう。
今度は、同じ高さで合わせられたと思ったら、ユキさんも声量を上げてください。

「らー」

「らー」（同じ高さで歌う。２人で声量を上げると…「ビビビッ」）

うわっ、すごい！　さらに「ビビビッ」て感じ。

（笑）

同じ高さで歌う感覚が実感しやすいでしょう？　**これこそが「共鳴感覚」**です！

同じ高さで合ったときに声量を上げることは、
共鳴感覚を実感しやすくなってとても効果的！

それからもう1つ、今のやりとりの中で合わせる際に必要なポイントがあるのだけど…。

ケンさん、気付きましたか？

なんだろう…。

音を合わせるときに、私とユキさんはどこを見ていたでしょう？

互いに目と目を合わせていたことですか？

正解！　**相手の目を見て合わせることもとても大切。声を届けるという気持ち**でね。２人がそれぞれ別の方向を見ていたら、音の方向性が変わってしまいますし、合わせやすさにも影響します。

● 内的フィードバック能力を向上させる練習2のポイント

◎声の高さが合ったときに声量を上げると、共鳴感覚を実感しやすくなる。

◎声の高さを合わせる際には、相手と目を合わせる。

⑧ 音程が取れない相手の声の高さに合わせて共鳴感覚を体感させる

——内的フィードバック能力を向上させる練習3

先生、子どもがすぐに同じ高さで歌えない場合には、どんな手順を踏むと合わせられるようになるのでしょうか？

とてもいい質問。
では、例を2つ紹介するわね。

悪い例

よい例

同じ音の高さで発声できない子どもに対して、何度も「よく聴いて」と言う**のは的外れ**です。

だって、その子は**どのように「よく聴く」のかが分からないから合わせられない**んだもの。

英語の発音でも「よく聴け」と言われるけど、分からないときがあります。

そう、それと同じ。**聴きどころが分からない**わけです。さらに、「悪い例」での問題点は、「正しい音程で歌えるのがあたりまえ。音程を合わせられないのは、子どもが音をよく聴いてないから」という態度で先生が子どもに接しているところです。こんな指導をされたら、**子どもは「どうして自分だけできないんだろう」**って、**よりストレスを感じてしまう**でしょう？

（うなずく）

合わせられなくてもすぐに発想を変えて、先生が子どもの声の高さに合わせる。
そして、**同じ高さで一緒に声をのばすことで「これが同じ高さで歌う感覚だ」ということを実感させる。**
このほうがはるかに有効です。

実際には先生が合わせてくれたことになるけど、「自分で合わせられた！」という気持ちになるかもしれませんよね。

そのとおり。**先生が合わせたとしても、同じ高さで歌って一緒にその状態を続けることができたら、「できた」「合わせられた」と思っていい**ですよね。**子どもと先生が目と目を合わせて同じ高さで発声している。そのことが何より大切**です。もちろんその際に、**声量を上げると、同じ高さで発声していることをより強く実感することができて効果的**です。

さぁ、次回からはいよいよ、雲わき小学校に行きますよ！

わ～、楽しみ！

内的フィードバック能力を向上させる練習3のポイント

◎音程が取れないときは、指導者がその子どもの歌いやすい声の高さに合わせて共鳴感覚を体感させる。

◎音程が取れないときに、「音をよく聴いて」としつこく言わない。

行ってらっしゃーい
がんばってねー

⑨ 子どもの声を受け止める

——雲わき小学校での実践1

雲わき小学校
今日は、学校の先生になるために勉強している大学生のお2人と
歌の先生が来てくださいました！
今日はお会いできてうれしいです。中村ケンと…
渡辺ユキです。どうぞよろしくお願いします！
皆さん！　こんにちは。小畑千尋といいます。皆さんと一緒に歌えることを楽しみに来ました。どうぞよろしくお願いします。
よろしくお願いしまーす！

では、今月の歌《世界がひとつになるまで》を聴いていただきましょうか。
せかいが ひとつに な〜るまで
ずっと手をつないで〜 いよう〜
すてきな歌声！ 皆さんの歌のメッセージがとってもよく伝わってきました！
パチパチ
高い声もきれいですね。
パチパチ…
一緒に歌いたくなりました！
パチパチ…

【ゼミに戻ってからの振り返り】

4年2組の子どもたちとの出逢《あ》いは温かい雰囲気となりましたね。

僕たちのことを、ちゃんと子どもたちに紹介してくれたのがうれしかったな…。

そうですね。授業に外部の人がいたら、子どもたちはそれだけで緊張します。ましてて、知らない人の前で歌うとなると、「歌うことを評価されちゃうのかな」と不安に思う子どももいるかもしれないでしょう?

鈴木先生は無意識かもしれないけど、子どもたちにちゃんと敬意を払われてますよね。

はい。そういう**担任の先生の姿勢って、必ず子どもにも伝わる**と思います。

それから、歌を聴かせてもらった後に、

私たちにコメントする機会をくださいましたよね。

子どもたちに自分たちの思いを伝えられてうれしかったな。

そうね。歌って形には残らないけど、誰かが誰かのために歌ってあげる。
それは**紛れもなくすてきなプレゼント！**
今日は4年2組の子どもたちが、私たちに心を込めて歌ってくれました。
それに対して、もちろん感じたままを伝えればよいのですが、
まずは**歌ってくれたことに対するお礼の気持ちを伝えることが大切**です。
「私たちはみんなの声をちゃんと受け止めてますよ」って。

先生、よく言われることですが、子どもを「ほめる」ことはやっぱり大切なんでしょうか。

結果的にはほめることになるのかもしれませんが、
ただ「ほめればいい」というものではありません。
表面的にほめただけでは子どもはうれしく思わないでしょう。
感じた気持ちを自分の言葉で子どもたちに伝えたいですよね。

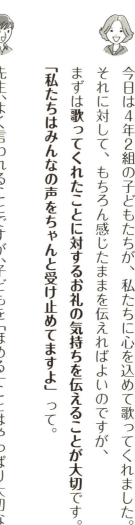

雲わき小学校での実践1のポイント

◎子どもたちに歌声を聴かせてもらったら、その声をきちんと受け止めて、お礼の気持ちを伝える。

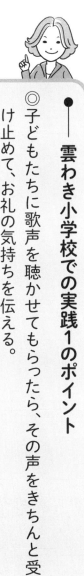

10

声のけんかゲーム……あえて違う高さで歌って音の高さを認知する

――雲わき小学校での実践2

では、これから皆さんと「声のけんかゲーム」をしたいと思います。

わ〜

ザワ…

なになに？

らー
私が「らー」って音をのばして歌います。

みんなは、私と違う高さで「らー」って歌ってください。私と同じ高さで歌っちゃだめですよ。

え〜！

違う高さって!?

ザワザワ
このけんかゲームにはルールが1つあります。「らー」って同じ高さでのばし続けること。「ら〜〜」って音の高さが上がったり下がったりしないでね。

それだとけんかに負けちゃうからね〜！

じゃあいくね！

はーい

らーー
らーー
らーー
らーー
うわ！教室に不気味〜なハーモニーが広がったねぇ！じゃもう一度！
アハハ
ブキミー
らーー
らーー
らーー
らーー
こわ〜い
ザワ
ザワ
変なの〜
なんか合わせたくなっちゃうねー
つられそうになるねー
そうだよね〜今みんなはまず、私の声を聴いて、それから？
聴かないようにしなきゃって思って歌ったよ。
すごい‼聞こえているのに聴かないようにするのは、合わせるよりも難しいんだよ！
じゃあ次は「仲直りゲーム」をしよう！

【ゼミに戻ってからの振り返り】

この活動、見ていてとても楽しかったです！

音程を正しく歌うことが目的なのに、初めに音程をあえて外すところがおもしろい！

そう。**子どもたちに「おもしろい」と思ってもらうことが大切**。

実は私もいろいろ悩みながら試行錯誤した結果、このゲームを考えついたんです。

いきなり音程を合わせることから始めたら、「合わせられなかったらどうしよう」と緊張して、体がキュッと硬くなってしまうでしょう?

発声練習も効果的だけど、それは「これから歌いますよ」っていう助走的な感じがする。

そこで、**音程を合わせられない子どもでも楽しめる活動**にできないかなあ…と。

でも音はよく聴いてほしい。だったら、**音程をあえて外すという真逆のこと**をしたらどうだろうかと。で、子どもたちに試してみたら…。

すごくうまくいったんですね！

そうなんです！　子どもだけでなく、大人の歌唱指導にもいいですよ。
この活動には次のようなメリットがあります。

- 音程を合わせることに自信のない子どもでも堂々と歌うことができる。
- 「間違えちゃいけない」と身構えることなくリラックスして取り組むことができる。
- 実は高度なことを遊びながらできるようになる（音の高さを認知して、あえてそれと違う音の高さで歌うため、集中して音を聴かなければならないが、それを意識せずに遊び感覚で行うことができる）。
- ロングトーンの練習にもなる。

真面目な発声練習より、このほうがはるかに音を「聴いちゃう」感じがするなぁ！

そうでしょう！

この活動でおもしろいのは大人と子どもの違いです。

大人だと、「えーと、この音だと同じだから、少し高くするならこんな感じかな」などと考えてから発声してる感じ。

でも、**子どもは素早く発声**しますよ。

「けんかなんだから、めちゃくちゃに出せばいいや」ってそんな感じ。

この活動では、意識しなくても自然に音を「聴く」ことができます。そこがいいんです。

なるほど〜。

この活動の後に音を合わせる練習をすると、より効果的ですよ。

●**応用練習**

「声のけんかゲーム」を、グループで**円になり、向かい合った状態で行ってみましょう**（**図7**）。1人の声に対して、他のメンバーがそれぞれ違う高さで発声します。基準となる音を発声する役割が一巡するまで繰り返します。

クラス全体で円になって行うのもおもしろいですよ。

図7

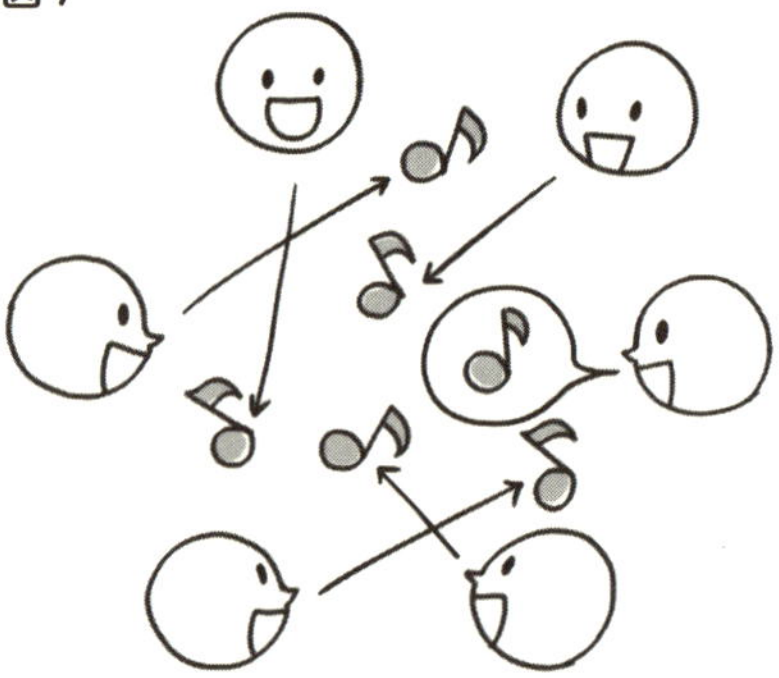

●── 雲わき小学校での実践2のポイント

◎「声のけんかゲーム」は、音程を合わせることに自信のない子どもでも堂々と歌うことができるので、積極的に参加するように促す。

◎「声のけんかゲーム」は、子どもたちにおもしろいと思ってもらえるように、楽しくゲーム感覚で行う。

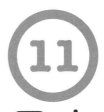

11

声の仲直りゲーム…同じ高さで歌っているという共鳴感覚を実感する

――雲わき小学校での実践3

じゃあ、けんかの後は「声の仲直りゲーム」をしよう！
私が「らー」って歌ったら、同じ高さで「らー」って歌ってね。
仲直りのルール！「あっ！同じ高さでピッタリ合った！」って思ったら、声をどんどん大きくしていってね。
らあああ
大きくするとき、音の高さが上がったり下がったりしないことがコツよ！
では、いきます。
らー
らー
どう？仲直りできた？
できたー
すごーい！
そうだね〜私も仲直りできてうれしかったです。

郵便はがき

171-0051

恐れ入りますが切手をお貼りください。

東京都豊島区長崎1の12の15

株式会社 教育芸術社

編集部 行

この度は本書をお買い求めいただきまことにありがとうございます。この読者カードは，今後の企画検討の参考にさせていただきます。ぜひご記入の上ご返送ください。弊社ホームページでご記入いただくことも可能です。http://www.kyogei.co.jp/obame/

ふりがな お名前	（　　歳）　男・女
ご住所　〒 TEL	FAX
メールアドレス	
ご職業	
お買い上げ書店 またはネット書店	都道府県　　市区郡　　書店

＊ご記入いただいた個人情報は，ご案内等の確認のために使用し，その目的以外には利用いたしません。

□ 教育芸術社からの案内（インターネット経由を含む）を受け取ることを了承します。

さらば！オンチ・コンプレックス　読者カード

❶本書をどこでお知りになりましたか？

(1) 書店で実物を見て　(2) ネット書店で見て

(3) 教育芸術社のホームページで

(4) 著者のすすめ　(5) 知人のすすめ

(6) 広告を見て→新聞・雑誌名（　　　　　　　　）

(7) 書評・紹介記事を読んで→（　　　　　　　　）

(8) その他(　　　　　　　　)

❷本書をお買い求めになった動機を教えてください。

❸本書に関するご意見，ご感想をお聞かせください。

❹ご感想を弊社の広告物，ホームページなどに掲載させていただいてもよろしいでしょうか。

(1) はい　(2) いいえ　(3) 匿名なら可

ご記入ありがとうございました。

今、ピターッて同じ高さに合って、部屋の中にグワ～ッと大きな山ができたね。
こんな感じ
それから、みんな体が前のめりになるくらい、よーく私の声を聴こうとしてくれたね。
では、もう一回やってみようか。
らー
ら
うわー、どんどん仲よくなってくね！
今、ピターッて合ったのが分かった人は？
ハーイ

あれ？
Cくんは？
よく
わかんな
かった。
じゃあ、先に
歌ってみてくれる？
私も同じ高さで
歌うね！
らー
ら――
同じ高さ
だった？
わかん
ない。
今、同じ高さで
歌えてたよね？
合ってたよー
ちゃんと
できてるよー
今みたいに、
歌声でけんかしたり
仲直りしたりすれば、
ピターッて
合ってることが
だんだん
分かるように
なるよ！
ハーイ

【ゼミに戻ってからの振り返り】

同じ音を合わせるときに、**子どもたちが身を乗り出して先生の声を聴こうとしていた**のが印象的だったなぁ。

そうでしたね。
「しっかりと聴きたい」「聴き逃すまい」という子どもたちの気持ちが表れてましたね。

1対1で音を合わせる活動ももちろん重要だけど、**集団で音を合わせて声量を上げたとき、大きな音の渦ができるようなイメージが浮かんで、子どもたちが実感しやすい活動**だと思いました。

そうです。**「共鳴感覚」**って言葉を使わなくても、**同じ高さの音をみんなで歌っているという実感をつかみやすい**ですよね。
集団で実施できるのは、学校での音楽の授業の強みです。

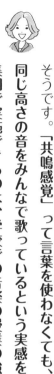

それから、**Cくんのことを無視せずに指導した点がよかった**です。
先生は、内的フィードバックができているかどうかを
子どもたちに確認されましたよね。
それがあったからこそCくんが認知できていないことが分かったのですが…。
僕だったら、あの場でCくんに確認するのは勇気がいるかな。

私も。みんなの前でCくんに恥をかかせてはいけないと思っちゃうかも。

よく分かります。皆さんだけでなく、
多くの教育現場の先生がたも同じように感じてますよ。
でもね。**あのタイミングで指導することにはものすごく大きな意味がある**んですよ。

はい。今日参観していて、
Cくんに恥ずかしい思いをさせたという印象は全くありませんでした。
あぁ、**こういう対応は、音程を合わせられる子どもにとってもいいな**って。

そう。大切なのはそこです！
内的フィードバックができているかどうかは、歌声からだけでは分かりません。
先生が意識しないとみえないわけです。だから、**それを確認することがとても大切。**
それから、音程が外れることは、「なおる」「なおらない」ということではなく
「学習することでできるようになっていくこと」という認識をもてば、
今回の対応は自然ですよね。
Cくんの近くで歌っている子どもたちは、
心の中では「Cくんの歌、なんか合ってない」って思っているかもしれない。
だから、**そこをスルーして指導しないとしたら、「これは仕方のないこと」と**
諦めさせるような価値観を、子どもたちに植え付けることにほかなりません。

小畑先生がよくおっしゃってる「文字を習い始めた子どもに
『あいうえお』を教えるのと同じ」という話ですね。
例えば「わ」「れ」「ね」を書き分けられない子どもがいたら、
それに対して学校の先生は具体的な指導を必ずしますよね。

そのとおりです。
他に、Cくんへの指導を見ていて「あれっ？」って思ったことはない？

Cくんが歌いやすい高さで発声して、それに先生が合わせたとき、
「これは先生がCくんに合わせてあげているのでは？」って思いました。

よく分かりましたね！
Cくん個人に指導する前の活動を思い出してほしいのだけど、
全員が同じ高さで合わせて声量を上げていき、
かなり「同じ高さで歌っている」ことを実感しやすい状態でした。
ところが、その状態でも実感できないとなると、Cくんの音が外れている可能性は高い。
みんなの前で、それを確認する必要はないでしょう。

じゃあ、**あえて確認せずにCくんに歌ってもらって、**
それに合わせるという方法をとったんですね。それ、「技」として身に付けたいです。

身に付けましょう！（笑）

もちろん、内的フィードバックができたうえに、
音も合わせることができればよいのですが、
まずは「同じ高さで歌うのはこんな感じだよ」っていうことを実感してほしいのです。
小学４年生では、約５割の子どもは内的フィードバックができない（もしくは不安定）
というデータもありますから（→序編２）。

「音が合っているかどうか」分からない子どもが、
そのことを１人で悩んでしまうような雰囲気をつくらないことですね。

２人とも気付きが早い！

（笑）

●応用練習

「声の仲直りゲーム」も、実践編10の「声のけんかゲーム」と同様に、グループで**円になり、向かい合った状態で行ってみましょう（図8）**。1人が好きな高さで発声し、他のメンバーがそれと同じ高さで声を重ねます。合ったと思ったら声量を上げることで、それぞれが共鳴感覚を意識できます。基準となる音を発声する役割が一巡するまで繰り返します。

また、クラス全体で円になって行うと一体感を得ることができます。

音程に自信のない子どもに発声してもらい、その子の音の高さにみんなが合わせることも効果的です。

円の中心に立つのもおもしろいですよ。音の波を全身で受けるような感覚を味わえます。

図8

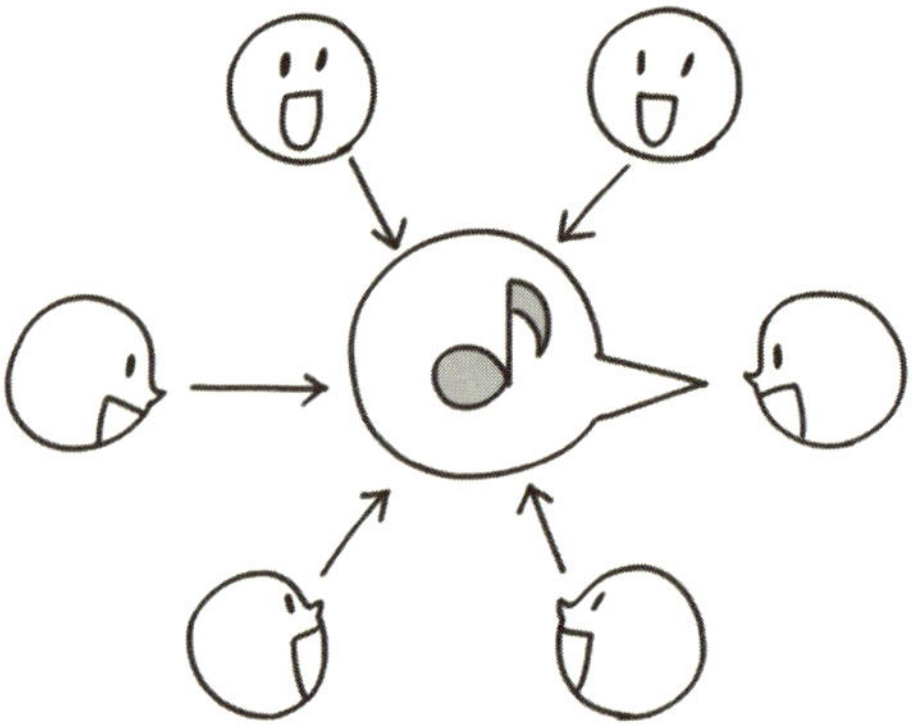

雲わき小学校での実践3のポイント

◎「声の仲直りゲーム」は、音程がピッタリ合ったときの共鳴感覚を体感させることが鍵。音程が合ったときに声量を上げると、より効果的で実感しやすくなる。

◎恐れずに、内的フィードバックができているかを確認し、それができていないときは、その子どもの歌いやすい声の高さに合わせて徐々に共鳴感覚を実感させる（→実践編8）。

12

音程を合わせる際に適した音は？……声がいちばん！

――雲わき小学校での実践4

次はクイズね！
先生にもお手伝いしていただきましょう。
おっ出番だ
ピース
わーー
では第1問。これから先生の歌う「らー」に合わせて、私が同じ高さで歌います。
でも、わざと違う高さで歌うこともあります。私が合わせられたか答えてね。
はーいっ
それでは先生、お願いします。
はい。
らー
らー

ちがーう
小畑先生が高ーい!!

すごいね～みんなよく分かったね！しかも、私のほうが「高い」って分かった人もいたね！

かんたん～楽勝だよ～

じゃあ第2問！

らー
らー
同じ!!

合ってる!!

みんなよく分かるねぇ!!

では第3問。先生の鳴らすピアノの音に合わせて、私が同じ高さで歌います。でも、またわざと違う高さで歌うこともあります。

らー
ファ
ファ
同じ？
同じかな？
うーんと
同じだと思う人は？
パラ
パラ…
そう！今のは同じ高さです。
ピアノの音と人の声は音の種類が違うからね。ちょっと聴きづらいかもしれない。でも同じ「ファ」の音なんだよ。
ではもう一回！
やっぱり
へー
同じだったんだー
同じだよ
うん
じゃあこれは？
らー
#ファ
ザワ…
違う？
同じかも
違うかな？
声とピアノの音って、子どもにとってはこんなに違って聞こえるんですね～
へえ～

【ゼミに戻ってからの振り返り】

声と声を合わせたときと、ピアノと声を合わせたときとでは、子どもたちにとってずいぶん聴きやすさに違いがあるんですね。

先生がおっしゃっていた「おもしろい実験」（→実践編4）ってこのことだったんですね。

そうです。音程を合わせて歌うとき、そのモデルとなる音は「声」で示したほうがいいことを、はっきり認識していない先生もいらっしゃるかもしれません。ピアノのほうが音量もあるし、楽器によって多少ピッチの違いがあるにせよ、「ラ」の鍵盤を弾けば「ラ」の音が出るから、正確な音の高さを提示できるって思いがちでしょう？

はい。なんとなく**ピアノを使うほうが楽**な感じがします。

そのとおりなんです。
でも実際に、あのくらいはっきり違いが出るんですよ。
もちろん、**ピアノの音色に慣れることは、さまざまな練習の際に役立ちますが、基本的に音質が違う**ことを知っておく必要があります。
音程を取りづらいときには、まずは声で示すことが大切です。

先生自身の声で子どもたちに歌ってあげることが、ものすごく大切ってことですね。

はい。それから、気を付けなければならないのは、大人の男性と女性の声は、基本的に1オクターブ違うことです。

1オクターブの違いで、子どもたちが混乱してしまいますか?

そうなんです。実は先日、別の小学校の合唱団で同じ実践をしました。
顧問の先生が男性で、「ファ」の音を1オクターブ高く発声してくださったのに、
私も思わず1オクターブ高くしてしまったの。

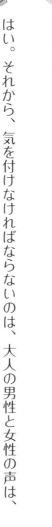

つまり、実音で1オクターブ違ってしまったんですね。

そう、そのとき半数くらいの子どもが「違う！」と答えたのでびっくりしちゃいました。

子どもってすごいな〜！

ほんとうに！「違い」を探すクイズなので、
子どもたちは一生懸命「違い」を聴いたんですね。
この場合、混乱を避けるために1オクターブ違う音を同じ高さとはしないほうがいいです。
でもね、**指導の過程では1オクターブの違いにすぐ慣れる**ので、
例えば**先生が男性だと女子の声の指導はできないとか、**
女性だと変声後の男子の声とピッチマッチングができないってことは
全くないんですよ。

そうなんですか。

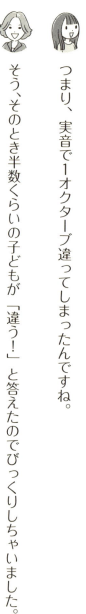

例えば、オンチ克服レッスンで私が関わった成人男性のかたがたと私の声は、
基本的に1オクターブ違いますよね。
でも、その違いは全く問題になりませんでした。

へぇー。

私のほうが心配になって、対象者のかたに
「1オクターブの違いで混乱しませんか?」って尋ねてみると、皆さん全く問題ないと。
むしろ、音程をビシッと分かりやすく歌ってくれるので音を合わせやすい、
同じ高さだと感じやすいとおっしゃるんです。

確かに**斉唱で女子と1オクターブの違いで歌っていても、違和感ない**です。

私も**男子と斉唱して、歌いづらいってことは全然ない**わ。

そうですよね！　ですから、学校の先生には「異性の子どもの声の指導は難しい」なんて思わずに、子どもたちとどんどん一緒に歌ってほしいのです。

雲わき小学校での実践4のポイント

◎できるだけ、指導者自身が歌って聴かせる。
◎声とピアノは全く違う音色。ピアノは指導者が音程を確認する程度にとどめる。

13

アイーン音程クイズ……確かな音程感を身に付ける
──雲わき小学校での実践5

さぁ、最後は「アイーン音程クイズ」です！
アイーンって知ってる？
キャハハ
アイーン
これだよ！
ギャハハ
キャー
これから私が「らーらーらー」って歌います。それをみんなはまねてください。
はーい
そのときに、歌いながら
アイーンの手で音の高さも示してください。
例えば、
らー(ミ)
らー(レ)
らー(ド)
だったら、手の動きは1段ずつ下がるよね。
同じ高さで歌えて、手の動きも合っていたら正解です！
はーい

らー(ド)
らー(レ)
らー(ミ)
ハイ!
らー
らー
らー
すごい!
できてるね!
1段ずつ階段を
上がっていたね。
じゃあ
これは?
らー(ド)
らー(ミ)
らー(ソ)
ハイ!
らー
らー
らー
みんなよく
聴けてる!!
さっきと
どこが違ってた?
1段飛ばし
だった。
正解!
では、これは?
らー(ド)
らー(ミ)
らー(ド)
らー
らー
らー
最初の音から
上に飛んで、
最後の音は?
最初の
音と同じ!

じゃあ、今日いちばん難しいクイズです。
いくよ～
らー(ド) らー(ミ) らー(レ)
ハイ！
らー
らー
らー
？
？
？
？
？
最初の音からさっきと同じように飛んで…最後の音は？
下がった？
そう！最初の音と2番目の音の間に行きました。
確かめてみようか。
らー(ド) らー(ミ) らー(ド)
どう？
らー(ド) らー(ミ) らー(レ)

【ゼミに戻ってからの振り返り】

「アイーン音程クイズ」おもしろかったです（笑）。

音程を確認するときに手の高さで示すことはよくあるけど、今回のはちょっと違いますよね？

そうなんです。例えば先生が「これから音が跳躍しますよ」という合図を送ったり、歌いながら手の動きを付けて、自分が歌う音の高さをイメージしたりするために、よく手の高さで音程を示しますよね。

はい。

でもこの活動は、**先生が子どもの音程感を確認すること、さらに子どもが確かな音程感を身に付けることが目的**なんです。

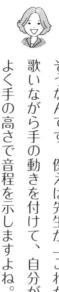

例えば30人以上のクラスの場合、1人の先生が一斉に歌う子どもの歌声から、それぞれが正しい音程で歌えているかどうか、全てを瞬時に把握するのはまず不可能よね。
でも、この手の動きを見たら、どう？

自信のなさそうな子どもがすぐに分かりました！

そうよね。それから、**音程が偶然合っているだけでなく、内的フィードバックもできている場合は、手の動きに自信があります。手の動きという体を使った活動によって音程の幅を実感していくことも、練習としてかなり効果的**です。

「体を動かして歌うのって楽しい」って**話している子ども**もいました。

そうでしたね！
大切なのは、**聴こえてくる歌声だけでなく、子どもがどの程度認知しているかに着目する**ことです。

雲わき小学校での実践5のポイント

◎「アイーン音程クイズ」は、確かな音程感を身に付けさせることが鍵。子どもが音程をどの程度認知しているかに着目しながら進める。

◎「アイーン音程クイズ」も、楽しくゲーム感覚で行う。

⑭

適切なトレーニングによって正しい音程で歌えるようになるという意識を指導者も本人ももつ

――雲わき小学校での実践を終えて

今回の雲わき小学校での実践は、鈴木先生の計らいで子どもたちの質問コーナーも設けられ、最後に一緒に《にじ》を歌って終わりました。

【ゼミに戻ってからの振り返り】

楽しくて、あっという間だったなー。

訓練っぽくなく、**遊び感覚で進めるのもコツ**ですか？

そのとおりです！　子どもが「チャレンジしてやるぞ！」と思って取り組めるようにしてほしいですね。

鈴木先生は「これからの授業で取り入れていきます」っておっしゃってましたね。

はい、私もそれを聞いてうれしかったです。**指導される先生の日常の授業での関わりが何より大切**です。

特に**内的フィードバックを確実なものにするためには、継続的なトレーニングが不可欠**ですから。
「あいうえお」だってそうよね。
小学1年生が少しずつ覚え始めて、全部習い終えるのは夏休み前くらいかしら？

はい。しかも、何度も国語の教科書で読み方を確認して、
宿題でもおうちの人の前で何度も読んで…。

そうですよね。だから、内的フィードバックだって、**一度だけ意識するのではなく、毎回の授業で先生が意識し続けることが**大切なんです。
今回、指導法の基礎を学んで、雲わき小学校での実践にも参加したお2人の感想は？

私、先生になったら、音楽の授業で絶対に子どもたちに実践したいと思いました。
声の増幅による「共鳴体験」は、大学生の私にとっても気持ちのよい感覚でしたし、
「声のけんかゲーム」もおもしろかったです。

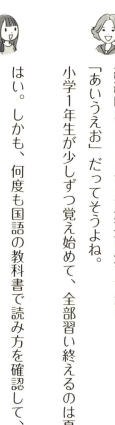

そうですか！

僕も。なんかすごく考えさせられました。**「できる人」と「できない人」の逆転**が起こる感じとか、**音程が合っているか自信がない人が堂々と参加できる進め方**がとてもよかったです。この歌唱指導は、**子どもを理解することにもつながります**よね。

そのとおりです。2人を巻き込んでよかったわ！

将来先生になって**音程が合わない子どもに接したときに、「あぁ、オンチなんだ」なんてレッテルを貼らずに、「内的フィードバックはできているかな？」「他者が歌う音程について合っているかどうか分かるかな？」というように、どこでつまずいているかを探ってね。**

それって、音程を正しく歌えるようにするためだけではなく、**子どもがどのように認知しているのかを理解することにつながる**し、**子どもが自分の声や自分自身についても大切に感じられる自己肯定感の向上にもつながります。**

はい、ありがとうございました！

さてさて、ところで卒論の中間発表もうすぐじゃない⁉

ぎゃ～！（笑）

雲わき小学校での実践のまとめ

◎「オンチ」というレッテルを貼らずに、具体的な指導を継続的に実施しよう。
◎内的フィードバックができているかを常に意識して授業することは、子どもが音程をどのように認知しているかを確認することができるし、子どもへの理解にもつながる。
◎内的フィードバックができてくることは、子ども自身の自己肯定感の向上にもつながる。

卒論も
ガンバレー!!
ドンドンドンドン

Q&A編

Q1

音楽の授業で、
音程が外れる子どもがいます。
その子に対して、他の子どもが
「オンチ」と言いました。
「オンチと言わないように」と
指導するべきでしょうか？

A 1

一生懸命に歌っている子どもに対して、他の子どもがからかうのであれば、**「オンチ」という言葉を使っていようがいまいが、当然その行動について無視できません。**

ただし、先生が子どもたちに対して、例えば「オンチと言わないようにしましょう」と注意するだけで解決するかどうか考えていただきたいのです。

なぜなら、**「オンチと言わないように」という発言自体が、「先生もこの子をオンチだと思っている。だけど、そんなことは傷つくから言ってはだめですよ」というメッセージを、子どもたちに伝えることになりかねない**からです。

「あぁ、正しい音程で歌えない子は『オンチ』で、そのことに触れてはいけないんだな」という負のイメージが、子どもたちの心の中で隠されたまま強化されることにつながってしまいます。

こうした「言葉狩り」のような形での対応は、何の解決にもなりません。

では、どのように子どもたちに話したらよいでしょうか？

このように先生が言ってくれたら、子どもたちは、「間違えても大丈夫」と、安心して活動に参加することができます。音程を合わせて歌うスキルが発達している途中なのですから、**心配なくトライ＆エラーを繰り返せる環境をつくる**ことがとても大切です。

一見するとネガティブな「オンチ」という言葉が出ても、先生のポジティブな働きかけにより、子どもたちが**「適切なトレーニングをすれば正しい音程で歌えるようになる」という正しい認識を得る教育の機会に変える**ことができるのです。

Q2

いわゆるオンチの子どもがクラスにいます。本人を傷つけてはいけないという思いから、何もできずにいます。どうしたらよいでしょうか？

音程が合わないことに対する先生の逃げの姿勢は、子どもたちには見え見えです。

音程が合わない子どもに具体的な指導をしないことを、他教科に置き換えて考えてみると分かりやすいと思います。例えば、小学3年生になって、「わ」「れ」「ね」の区別が付いていない子どもが目の前にいたならどうでしょうか？

先生が「傷つけたらかわいそう」とか、「楽しく書いているんだから今はそっとしておこう」と勝手に納得して指導しないことがあるでしょうか？

小学校高学年の体育の時間に、水泳の息つぎができずにいる子どもに対して、「水と親しむだけでいい」とか、「スイミングスクールに行ってないからなぁ」といって息つぎの方法を教えないことがあるでしょうか？

そのくらい、**正しい音程で歌うスキルを教えないことは、おかしなこと**なのです。

さらに、こんな対応もよく耳にします。

どんなに遠回しな表現を使っても、音程を合わせるための具体的な指導をせずに、小さな声で歌わせたり、口パクをさせたりして、結果的に歌わせないようにすることは、その子どもを排除しているも同然です。

逆に「自由に歌っていいよ」と放り出してしまうのも、子どもにとっては「見放された」という印象を受け、逆効果であると言わざるをえません。

正しい音程で歌うことは、その能力があるかどうかではなく、スキルとして習得できるものであるという認識をまずは先生自身がもちましょう。

音程が外れてしまう子どもに対して、「授業以外の時間で1対1の指導をしなければならない」と思うと、先生も負担に感じてしまうことでしょう。ふだんの授業で活用できる、集団を対象にした指導法がありますので、本書の「実践編」を参考に、少しずつ具体的な指導を試みてください。

Q3

変声期で音程の外れる子どもが多くいるのですが、音程に関してどのように指導したらよいでしょうか？

変声期の指導に関して、先生がたは、歌うことに対する羞恥心や不安感をもたせないよう十分に配慮されていると思います。

音程を合わせられていたのに、変声期に入って音程が外れるようになる子どもは珍しくありません。小学校での調査の結果（↓序編2）にもあるように、高学年頃からピッチマッチングができなくなる男子が増えます。

でも、それと自分の音程が合っているかどうかを認知することは別の問題です。**変声と、内的フィードバック（↓序編2）ができているかどうかを分けて捉えることが大切**です。つまり、

①変声で思うように発声できないが、自分の音程が外れていることを認知している（内的フィードバックができている）。

②変声で音程が外れているが、もともと内的フィードバックができていない。

このどちらに該当するかによって、必要な指導は異なります。

変声中の男子が歌って音程が外れてしまった際に、全てを①の状態と考え、変声のせいにしていませんか？

歌声だけに着目するなら、変声で音程が合わないのも、もともと音程を正しく歌えないのも、音

程が「外れる」という意味では同じです。

でも実は、皆さんが思っている以上に②のタイプの子どもも多く含まれています。**内的フィードバックができないまま変声期に入っている可能性も十分考えられます。**もともと内的フィードバックができない子どもが変声期に入ると、当然のことながら音程に関してますます混乱状態に陥ります。

では、どのように指導すればよいでしょう？

まずは、本人が歌いながら「音が外れていることを認知しているか」、つまり**「内的フィードバックができているか」**に着目しましょう。

具体的な方法として、本人が発声しやすい声域でピッチマッチングをします。先生と同じ高さで、または、先生が同じ高さで歌って、合っているかどうかを本人が認知していますか？

もしできない状態でしたら、本書の「実践編」を参考に、内的フィードバック能力を向上させる練習を試みてください。

変声期の指導については、小・中学校の学習指導要領に明記されていますし、具体的な指導法に関する文献も多くあります。一方、音程に関しては学習指導要領でも「適宜、移動ド唱法を用いる」程度の記述しかありません。

先生が子どもの内的フィードバックに着目することは、子どもが自分の歌声をどのように捉えているかを理解することにほかなりません。変声期であろうとなかろうと、**先生のサポートによって内的フィードバックができるようになることは、子どもの自己肯定感を高めることにもつながります**。そして、「あぁ、これが同じ高さなのか」と分かる瞬間を共有することによって、両者に強い信頼関係が生まれることでしょう。

Q4

小学校合唱部の顧問をしています。
合唱コンクールに向けて、
音程の外れる子どもに大きな声で
歌わないようにさせたいのですが、
そんな指導をしてもよいでしょうか？

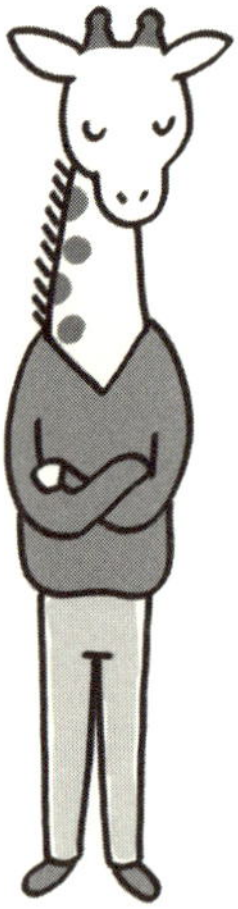

A④

「美しい歌声にしたい」「子どもたちの歌声をよりよくしたい」そして、「子どもたちがこんなにがんばっているのだから賞をとらせてあげたい」…。

子どものためにという先生の熱意は否定しません。

合唱には先生のそういう意欲をかき立てる不思議な力があると思います。

ですから、「これだけ一生懸命指導しているのに、どうして音程が取れないんだろう…」と、先生も苦戦した結果、寄せられた質問だと思います。

でも、音程が外れる子どもの声を小さくすることで合唱全体のハーモニーを美しくしようというのは、安易な対応ではないでしょうか?

その場合、**歌っている子ども自身の認識や気持ちに全く目が向けられていない**ような気がします。

遠回しな言い方で声を小さくさせる、それもいかがなものでしょうか? 単に先生が自分の行動を正当化しているようにも思えます。

先生が熱心に指導する目的は、「人よりうまい」ということでしか歌を評価できない子どもを育てることでは決してないはずです。参加している子どもそれぞれが、「歌うって楽しい」「声を合わせるって楽しい」と自分の歌声や声を肯定することができる合唱であってほしいものです。

そもそも、学校の合唱部と、例えば民間団体の合唱部とでは目的が大きく異なります。特に小・中学校の義務教育における合唱部については、あくまで**子どもを育てる活動の一環として行われているはず**です。

民間の習い事でしたら、例えばピアノのお稽古などの場合、ある意味偏った指導でもそれが習う側の求める指導であれば習い続ければよいし、嫌ならやめて他のピアノの先生を探すという選択ができます。

でも小学校の合唱部の位置付けは異なります。

子どもたちは、**先生の行動から歌や音楽の価値観を自然と学びます**。また合唱部の顧問も小学校の先生が兼任することが多いと思います。そう考えると、合唱のハーモニーをよくするために、音程が外れてしまう子どもの歌声を「目立たせない」ようにするという行動は、学校の先生が特定の子どもを排除することになり、ちょっと厳しい言い方になりますが、いじめの行動とあまり変わりません。

もちろん、全てがそのような合唱部ではありません。私が関わらせていただいた小学校の合唱部（コンクールなどでもよく耳にする学校です）では、子どもたちそれぞれがどんなふうに感じたり考えたりしているのか、顧問の先生が指導の間に何度も確認されていました。また、実際に子どもが感じていることの一つ一つがとてもおもしろい。そして、その対話を先生も楽しまれているというたいへん温かい空気が音楽室に流れていました。

では、どのようにすればよいのでしょうか。

音程を合わせて歌うために必要なのは、いわゆる「スキル」です。**指導により必ず向上**します。**表出された歌声だけに着目するのではなく、子どもがどのように認識しているのか、内的フィードバックに注目した指導**を行いましょう。

具体的には、「実践編10・11」で紹介したグループで円になって歌う応用練習を実践しましょう。

内的フィードバックができたうえで音程が合うようになれば、今までとは全く異なる、すばらしいハーモニーの合唱が実現することでしょう。

Q5

音程の外れる子どもの両隣に正しい音程で歌える子どもを立たせるとよいと聞いたのですが…

A 5

大人でも、例えばカラオケで隣で一緒に歌ってくれると歌いやすいという人はいます。支えとなる音程を隣で歌ってくれれば、合わせる基準が常に聴こえるので音程を合わせやすく、有効な方法と言えます。でもそれは、**内的フィードバックがある程度できる人に限ります。**

内的フィードバックが全くできず、自分がオンチだと気にしている子どもの場合、この方法は逆効果になりかねません。

自分の音程が合っているかどうか分からないのに、歌の上手な人に囲まれて歌うのは、相当なプレッシャーです。実際、子どもの頃に学校の音楽の先生からそのような対応をされて、とても嫌な思いをしたという話を聞くことも少なくありません。

ただし、子どもの発達というのはすばらしいもので、内的フィードバックができず、音程が外れた状態で歌っているうちに、徐々に気付くきっかけを得て内的フィードバックができるようになる場合もあります。

でもそれは、海で遊んでいて自然と泳ぎを覚えたとか、逆上がりができる子どもたちの中にいて自然と逆上がりができるようになったという発想とあまり変わりません。「一緒に歌っていれば、自然とつられて歌えるようになる」ことを前提として音楽の教育活動を進めるのはあまりに安直な話です。

歌に限らず、絵を描くことでもスポーツでもよいのですが、**上手な人たちの中で、自分だけがうまくできないという状況は、あまり楽しくありません**し、**コンプレックスを助長させることにもつながりかねない**ことを先生がたに認識してほしいと思います。

また、隣に立った正しい音程で歌える子どもから、「音程が合っていない」と告げられる可能性もあります。

もちろん、そのように言う子どもにも罪はありません。なぜなら、ほんとうに音程が合っ

ていない事実を伝えたわけですから。でも、その後の「どうすればよいのか」という指導は、音程の正しく取れる子どもには分かりませんし、それを行うのは先生の役目です。

では、どのようにすればよいでしょうか？

子どもが内的フィードバックをできるかどうかで、対応を変えましょう。まずは内的フィードバックができているかどうかを確認します。そして、できていなかったら、そのための指導（→実践編）を行います。

その後、例えば**先生が一緒に歌うことで音程を合わせることができるようなら、正しい音程で歌っている子どもと並んで歌う方法を用いる**のもよいでしょう。

Q6

中学2年生です。僕が歌うと、
友達から「つられるから歌うな」とか
「オンチ」とか言われるので、
音楽の授業では口パクをしています。
オンチを治したいのですが…

A 6

友達からそんなふうに言われるのはつらいことですね。

でも大丈夫。あなたの歌う能力が低いわけでは決してありません。**音程を合わせるコツを知らないだけ**です。適切なトレーニングを行えば正しい音程で歌えるようになります。また、病気ではないので**「治る」ではなくて、どんどん上達する**と考えましょう。


まず質問です。あなたは、歌う際に音程が合っているかどうか、自分で分かりますか？ 例えば周囲の反応や、「外れている」と言われたからではなく、自分で歌いながら「音程が外れた」とか、「ピッタリ音が合った」というふうに分かりますか？

どんなに歌が上手な歌手でも音を外すことはあります。ただ、**自分で歌いながら「音程が合っているかどうか」が分かることが大切**なのです。

自分の歌に自信がないと、歌いながら「自分の歌声を聴こう」とするのは少しだけ勇気がいりますよね。

「音程が外れている」と言われても気にせずに、少しずつ勇気をもちましょう。そのことから歌の上達が始まります。

音楽の先生でもおうちの人でもいいので、あなたが「この人とだったら一緒に歌ってもいい」と思える人に、こんなふうに試してもらいましょう。

①自分が歌いたい高さで「らー」と発声します。
②サポートしてくれる人に、自分と同じ高さの音で一緒に発声してもらいます。
そのとき、同じ高さで歌えている実感がありますか？
それとも、サポートしてくれる人が「同じ高さで歌えている」と言ってくれても、自分では「合っていない」と感じますか？

音程が合っているかどうか、歌いながら分かるようなら発声練習が効果的です。今日から口パクをやめて、実際に声を出してみましょう。歌いながら合っているかどうかが分かるのに、口パクをしていたら、誰だって上達しません。声を出す練習をしないのですから。

発声しづらい音のときや、変声期で思うように発声できないときは、自分の発声しやすい高さを音楽の先生に確認してもらいましょう。そして、あなたが発声しやすい高さ（声域）でピッチマッチングの練習をするとよいと思います。

サポートしてくれる人が同じ高さで歌っている状態で、あなたが音程が合っているかどうかが分

からない場合は、まだ内的フィードバックができていない可能性があります。引き続き、サポートしてくれる人に手伝ってもらいましょう。

「同じ高さで歌うってこういうことなんだ!」と実感できればしめたものです。内的フィードバックができるようになるための練習は、この本の「実践編」に詳しく書いてあるので、一つずつ試してみましょう。

Q7

小学3年生の娘がいます。
私はオンチではありませんが、
娘はオンチです。
ピアノを習わせたほうが
よいでしょうか？

A7

「オンチ」は単なる俗語であって（→序編1）、正しい音程で歌うことは、学習によって発達する能力です。まずは、この認識をお母さんがもちましょう。

お子さんが音程を外して歌ってしまったときに、**「どうして？」と感じるのか、「発達している途中」と捉えるのかで、お子さんに対する関わり方も変わってきます。**

ところで、お子さんはピアノに興味を示していますか？　お子さんがピアノを習いたい様子でしたらそれもよいと思います。

ピアノを弾くことで、結果的に音程感が向上することはありますが、実は、**歌うことを通して学ぶのがいちばんの近道**です。

何より効果的なのは、**お母さん自身がお子さんと一緒に歌う**ことです。音程が合っていることを実感させるためには、楽器ではなく人の声が必要です。もちろんお父さんや兄弟姉妹でもよいのですが、子どもの声（男子は変声前）でしたら、お母さんの声がベストです。

お子さんがプレッシャーに感じてしまいますので、**「オンチを克服しよう」**と力まないよう注意しましょう。**お母さん自身がお子さんと歌う喜びを感じて、声のキャッチボールを一緒に楽しんでください。**こんなふうにやってみましょう。

まずはウォーミングアップです。
子どもが「らー」などの自由な発音で一定の高さの音を出します。
同じ高さの音が長く出せたらＯＫ（できないときは実践編2を参照）。
①お母さんが「らー」と声を出し、子どもがその音に合わせて一緒に声を出します。
②うまく音が合ったら、声を少しずつ大きくしていきます。
このとき、ビビッと振動する「共鳴感覚」がありますか？
これが「音程が合った」という実感です。
③音程が合わない場合は、子どもが出しやすい高さで「らー」と声を出し、
それにお母さんが合わせます。
共鳴を実感した後に再度①を試みると合わせやすいでしょう。

音程が外れているのか合っているのか、お子さんが自分で分かるようになること、さらに「音程が合っている」感覚を体で覚えることが大事なのです。個人差はありますが、数回のレッスンで歌いながら自分の音程が合っているかどうかが分かるようになります。

合っているかどうかが分かってきたようなら、歌いやすい曲を一緒に歌ってみましょう。《おせんべやけたかな》など、音域の狭いわらべ歌がおすすめです。

声は親からの贈り物です。お子さんの目を見て声を合わせるのは、親子の心のつながりを深めることにもなります。日常的に親子で歌を歌ったり、音楽の楽しさを共感したりする時間を大切にしましょう。

Q8

単音のピッチマッチングで内的フィードバックができるようになってきたら、どのような教材を用いて練習するのが効果的でしょうか？

A 8

単音のピッチマッチングで、内的フィードバックができるようになってきたら、少しずつ音域を広げていきましょう。

最初は、**音域が狭く、言葉の高低と歌の旋律の高低が合っているわらべ歌がおすすめです。**

具体的には次のような曲があります。

2度の音域
- **たこたこあがれ**
- **おせんべやけたかな**

3度の音域
- **ゆうやけこやけ**
  （ゆうやけこやけ　あしたてんきになあれ）
- **なべなべそこぬけ**

4度の音域
- **あがりめさがりめ**

5度の音域
- **ほたるこい**
- **かごめかごめ**
- **おちゃらかほい**

わらべ歌の他に《ちょうちょう》《かっこう》なども5度の音域の曲です。

実践編13の「アイーン音程クイズ」のように、範唱を聴いて、手の動きで音の高さを示しながらまねて歌うのも効果的です。

音楽の授業では、子どもが聴き慣れたポップスの曲を選ぶのも楽しい活動になると思います。今の自分が共感できる歌詞があるかもしれませんし、最近はYou Tubeなどの動画閲覧サイトを用いて、興味のある歌を気軽に聴いている子どもも少なくないからです。

私も、子どもの興味に沿ったポップスの曲を用いる活動には大賛成なのですが、**ポップスの歌は案外難しい**ということだけは気を付けたほうがよいと思います。「身近な歌」「気軽に聴ける歌」が、「簡単に歌える歌」であるとは限りません。内的フィードバックが全くできない子どもにとっては歌うのが難しいこともありえます。

それから、**難しいポップスを1曲だけ取り上げて音程が正しく歌えたからといって、内的フィードバックができるようになるとは限りません。**短時間で1曲だけを徹底的に練習し、正しく歌えるようにすることは、実はそれほど難しくありません。目的地までたどり着く一つのルートを、何度も繰り返し練習するようなものだからです。

大人が緊急にカラオケで1曲披露しなければならないというのならそれでよいかもしれませんし、間接的には内的フィードバック能力の向上につながるかもしれませんが、他の曲を歌うときには、再びゼロから新しい曲の音程を覚えなければなりません。

とはいえ、「この歌を歌えるようになりたい」というモチベーションは大切です。私も以前「ゆず」

の歌を歌いたいという男子大学生に指導をした経験がありますが、**内的フィードバックができるようになってきた頃**に、ゆずの楽曲を教材として用い始めました。しだいに彼の友人たちも加わって一緒に歌いました。オンチ・コンプレックスの強かった学生が仲間たちとゆずの《いつか》を楽しそうに歌っている様子にほんとうに感動しました（詳しくは拙著『オンチは誰がつくるのか』をご覧ください）。

このように、**内的フィードバックができるようになってきたら、少しずつ音域を広げ、その子どもが歌いたい憧れの歌にチャレンジする**というのもたいへん意味のあることだと思います。

おわりに

本書は、学校の音楽教育ではこれまであまり語られず、触れることをある意味タブー視されてきた「オンチ」をテーマにしています。現在のところ、学習指導要領、そして音楽の教科書にも、変声期に関する記述はあっても、音程が合わせられない子どもについての記述はいっさいありません。

しかし現実には、自分のことをオンチだと思っている人はたくさんいます。

私が２０００年に小学校の教員を目指す大学生(国立A大学の学生３０８名)を対象に行った調査では、「非常に『オンチ』だと思う」「少々『オンチ』だと思う」を合計すると46%の学生が自分自身のことをオンチだと思っていました。

それから10年以上を経て、若者が日頃歌うポップスの歌は、音程やリズムがより複雑になっており、それらを器用に歌いこなす学生が非常に増えていると感じていました。

ところが２０１３年、同じく小学校の教員を目指す大学生（国立B大学の学生２５８名）を対象に行った調査でも、ほぼ同じ割合の45%の学生がオンチ意識をもっていたのです。

これは驚くべき結果だと思います。他者が聴いて歌が上手かどうかとは関係なく、自分のことをオンチだと思っている人の割合がこんなにも高いことが分かります。もちろんその中には、歌いながら自分自身の音程が合っているかどうかが分からない人や音程に不安がある人も含まれています。

しかし、オンチは確実に克服できます。音程が合っているかどうかが分からなくても、適切な指導しだいで「内的フィードバック」ができるようになり、正しい音程で歌えるようになります。その結果、自分自身の歌声を肯定的に捉えられるようになるのです！

そして、その指導は小・中学校の音楽の授業でなされるべきだと思いますし、子どものときに適切な指導を受ければ、より早く「音が合う感覚」を身に付けることができるのです。

歌うことは一生を通して、人と人とのコミュニケーション手段として用いられます。生涯にわたって歌うこととすてきな関わりができる基盤をつくるために、小・中学校の歌唱指導に携わるかたがたが、本書を用いて、「オンチの問題を無視しない、正しい音程で歌うための具体的な指導を実施する」という姿勢で、ぜひ子どもたちと関わっていただけたらうれしいかぎりです。

多くの皆様のご協力により本書を出版することができました。

私の指導対象者の皆様、研究協力校の先生がた、特に知子先生、裕規先生、征人先生、一治先生の多大なるご協力に感謝申し上げます。本書の出版に向けて貴重なご助言をくださったAmaneさん、学生ならではの視点からダメ出しをしてくれた小畑研のゼミ生諸君にも心からお礼を申し上げます。

宮城教育大学名誉教授の故菅野仁先生には、社会学のお立場から、さらに本稿の最初の読者として、惜しみないご指導と多くのお励ましの言葉を頂戴いたしました。菅野先生、ありがとうございました。

最後に、本書が歌声の聞こえてくるような本になりましたのは、温かく、ユーモアあふれる表情のすてきなマンガとイラストを描いてくださった、くどうのぞみさん、デザイナーの下野ツヨシさんのおかげです。教育芸術社の皆様には、「オンチ」について語るという英断をしていただきました。特に今井康人さん、額賀晋也さんの出版への熱いお気持ちがなければ、本書が生まれることはありませんでした。編集の馬場俊行さん、松田映子さんには、出版に向けて全力でご尽力いただき、頻繁にくじけそうになる私を常に励ましていただきました。心から感謝申し上げます。

平成二十九年一月　　小畑千尋

引用・参考文献

●Fauconnier, G. (2000)『思考と言語におけるマッピング』坂原茂 田窪行則 三藤博訳 岩波書店
●河原英紀 (2003)「聴覚フィードバックの発声への影響—ヒトは自分の話声を聞いているのか？—」『日本音響学会誌』59巻11号 pp.670-675.
●金田一京助 (1942)『国語研究』八雲書林
●小泉文夫 (2003)『人はなぜ歌をうたうか』学習研究社
●栗栖麗 (2000)「音楽と脳」『音は心の中で音楽になる 音楽心理学への招待』谷口高士編著 北大路書房 pp.209-225.
●文部科学省 (2008)『小学校学習指導要領』(平成20年告示)
●文部科学省 (2008)『中学校学習指導要領』(平成20年告示)
●Moore, Brian C. J. (1994)『聴覚心理学概論』大串健吾監訳 誠信書房
●森岡健二 山口仲美 (1985)『命名の言語学』東海大学出版会
●村尾忠廣 (1995)『[調子外れ] を治す』音楽之友社
●新美成二 (1988)「いわゆる音痴とは」『小児内科』20(10) 東京医学社 pp.1605-1607.
●小畑千尋 (2007)『「音痴」克服の指導に関する実践的研究』多賀出版
●Obata, C. (2007) "Feedback and Poor Pitch Singing: A Study of Adult *Onchi*." *ASIA-PACIFIC JOURNAL FOR ARTS EDUCATION 2007*, Volume 5, Number 2. pp.27-46.
●小畑千尋 宍倉里沙 (2011)「歌唱における音取りに音色が及ぼす影響」『日本保育学会第64回全国大会要旨集』p.657.
●小畑千尋 (2012)「内的フィードバックができるための歌唱指導におけるピアサポーターの成長」『宮城教育大学紀要』47 pp.123-133.
●Obata, C. (2013) "A longitudinal Study on Internal Feedback in Singing of Children: Through Analysis of Change from Fourth to Sixth Grades in a Primary School." *Proceedings of the 9th Asia-Pacific Symposium on Music Education Research* (CDROM).
●小畑千尋 (2014)「小学校教員養成課程の学生自身の「音痴」意識—2000年同調査との比較を中心として—」『日本音楽教育学会第45回全国大会要旨集』p.98.
●小畑千尋 (2015)『オンチは誰がつくるのか　オンチ克服への第一歩』パブラボ
●小川容子 (2004)「ピッチと高さのイメージ化 (音楽の知覚)」『日本音楽教育事典』日本音楽教育学会編 音楽之友社 pp.177-179.
●最新医学大辞典編集委員会編 (2005)『最新医学大辞典 第3版』医歯薬出版
●沢田晴彦 筧一彦 (2003)「聴覚フィードバックに利用される音声情報の物理的特徴」『電子情報通信学会技術研究報告』120巻750号 pp.25-30.
●志村洋子 (1993)『赤ちゃんとの話し方　0歳児の頭と心を育てる"マザリーズ"のすすめ』ごま書房
●新村出編 (2008)『広辞苑　第六版』岩波書店
●須永義雄 (1981)「音痴」『音楽大事典1』下中弘編 平凡社 p.482.
●高野陽太郎 (1995)「言語と思考」『認知心理学3言語』大津由紀雄編 東京大学出版会 pp.245-259.
●Welch, G. F. (2000) "The Developing Voice." In Thurman, L. & Welch, G. (Eds.) *bodymind & voice: foundations of voice education* (A Revised Edition), 3, The National Center for Voice and Speech (USA), pp.704-717.
●Welch, G. F. (2001) *The misunderstanding of music*. London: Institute of Education University of London.
●吉野巌 (2000)「旋律 (旋律の音高的側面)」『音は心の中で音楽になる 音楽心理学への招待』谷口高士編著 北大路書房 pp.22-44.

雑誌
●小畑千尋 (協力) (2012)「身近な"？"の科学 [音痴]」『Newton』32 (12)　ニュートンプレス pp.118-119.

著者プロフィール

小畑千尋（おばた ちひろ）

千葉県出身。宮城教育大学音楽教育講座准教授。専門は音楽教育学。1994年東京音楽大学音楽学部ピアノ専攻卒業。千葉大学大学院教育学研究科、東京学芸大学大学院連合学校教育学研究科博士課程修了。博士（教育学）。東京音楽大学非常勤講師、東京成徳大学准教授を経て、2011年より現職。
著書に『オンチは誰がつくるのか オンチ克服への第一歩』（パブラボ）、『「音痴」克服の指導に関する実践的研究』（多賀出版）、『教員養成課程 小学校音楽科教育法』（共著、教育芸術社）など。CDの監修（今川恭子氏と共監）に『ママと小さな天使へ 森のくまさん～素敵なメロディ』『ママと小さな天使へ 月の光～やすらぎの音色』（コロムビアミュージックエンタテインメント）などがある。

さらば！ オンチ・コンプレックス
ユキ&ケンと一緒に学ぼう！
〈OBATA METHOD〉によるオンチ克服指導法

2017年1月27日　第1刷発行
2018年8月17日　第3刷発行

著　者　　小畑千尋
発行者　　株式会社 教育芸術社（代表者　市川かおり）
〒171－0051　東京都豊島区長崎1－12－15
電話　03－3957－1175（代表）
03－3957－1177（販売部直通）

マンガ・イラスト　くどうのぞみ
装丁・本文デザイン　下野ツヨシ（ツヨシ＊グラフィックス）

印　刷　　光栄印刷
製　本　　共栄社製本

本書の無断転載を禁じます。
〈OBATA METHOD®〉関連特許：特許第5794507号
JASRAC 出 1615006-803
ISBN978-4-87788-783-4 C3073

http://www.kyogei.co.jp/

KYO-GEI